AF436787

# DIÁLOGOS EN TIEMPOS DE CRISIS: REFLEXIONES A PARTIR DE LA PANDEMIA

# DIÁLOGOS EN TIEMPOS DE CRISIS

*Reflexiones a partir de la pandemia*

Gonzalo A. Chamorro y
Josué Estrada, Eds.

*Diálogos en tiempos de crisis:*
*Reflexiones a partir de la pandemia.*

Una publicación de
© Instituto CRUX, 2020.

Ciudad de Guatemala, Guatamala.
Tel. (502) 3501-0712
contacto@institutocrux.org
www. institutocrux.org



ISBN: 978-9929-8236-0-0
CATEGORÍA: RELIGIÓN / Cristianismo Teología cristiana

Cubierta y diseño por Amir A. Tejada.

# Índice

*Una colecta para un tiempo de pestilencia**

Oh, Señor, tú que eres el refugio del pobre y necesitado,
te pedimos que nos salves de la peste que acecha
en las sombras y la plaga que destruye a mediodía.
Sé nuestro sol y escudo. Sé nuestra fortaleza.
Sé nuestro consuelo este día.
Que no temamos ningún mal, sino, al contrario,
que confiemos en tu poder para salvar
y en tu sabiduría para guiar,
a fin de que podamos descansar siempre
bajo la sombra del Omnipotente.
En el nombre de aquel quien sana nuestras dolencias.
Amén.

*Nota: La «colecta» es una oración (iniciada en el quinto siglo) con estos elementos:
1) menciona el nombre de Dios, 2) recuerda una de sus actividades y atributos, 3) solicita
o pide, 4) expresa la esperanza deseada y 5) termina con lenguaje cristológico y trinitario.

Escrita por el Dr. W. David O. Taylor la mañana del 11 de marzo del 2020
(traducida por Dr. Guillermo D. Taylor y el Dr. Pablo Sywulka).

Jesús dijo: «Esta enfermedad no terminará en muerte [...].
Yo soy la resurrección y la vida.
El que cree en mí vivirá, aunque muera;
y todo el que vive y cree en mí no morirá jamás. ¿Crees esto?»
(Jn 11:4, 25).


«Después vi un cielo nuevo y una tierra nueva [...].
Oí una potente voz que provenía del trono y decía:
"¡Aquí, entre los seres humanos, está la morada de Dios! [...];
Dios mismo estará con ellos y será su Dios.
Él les enjugará toda lágrima de los ojos.
Ya no habrá muerte, ni llanto, ni lamento ni dolor,
porque las primeras cosas han dejado de existir".
El que estaba sentado en el trono dijo:
"**¡Yo hago nuevas todas las cosas!**"...»
(Ap 21:1, 3-5).

# Propósito del libro y manejo del material

La pregunta por el sentido de la vida y de las cosas es propia del ser humano. Los hombres a lo largo de toda la historia no se han contentado con solo vivir, sino que buscan constantemente el sentido y fundamento de su ser y de su actuar en medio de las situaciones cotidianas. Es decir, el hombre es un ser buscador de sentido, según afirmaba Viktor Frankl; y el hombre de fe, parafraseando a Tillich, es alguien que se pregunta *apasionadamente* por el sentido de la existencia, por el sentido de la totalidad del mundo y en lo que él acontece. Es así que nace el libro *Diálogos en tiempos de crisis*. Se trata del esfuerzo intelectual y espiritual para comprender la situación actual a la luz de la revelación cristiana, y de esa manera darle sentido y propósito a nuestra creencia en medio de la pandemia. Después de todo, como cristianos, creemos que el señor Jesús es la luz que alumbra toda la creación y que la fe en él nos ayuda a darle sentido a todo lo que existe.

Las exposiciones que se presentan a continuación tienen como distintivo la combinación del estudio académico con la labor pastoral y edificante. De hecho, estamos convencidos de que la «regla cristiana» indica que todo debe de servir para edificar, tal como lo planteaba el filósofo S. Kierkegaard. Es decir, todo pensamiento cristiano, para que no se convierta en mera forma inhumana de curiosidad, debe estar en íntima relación con la totalidad de la vida (afanes, preocupaciones, derrotas, alegrías, triunfos, etc.). Es por eso que hemos agregado unas pequeñas guías de estudio a los diferentes artículos, herramientas que pueden ser muy útiles para diversos grupos pequeños. Aparte de concretar lo aprendido, dichas guías también pretenden «inquietar» la fe, es decir, buscan profundizar la revelación y hacer crecer la fe, porque la inquietud misma debe edificar. Como cristianos también creemos que Dios es inabarcable para la mente humana finita. En otras palabras, hay siempre un fondo de misterio en Dios (tanto en su ser como en su hacer); misterio que no consiste en una oscuridad confusa e impenetrable, sino en un exceso de luz inagotable y admirable. «Grande es el Señor, y digno de toda alabanza; su grandeza es insondable» (Sal 145:3 NVI).

Pedimos a Dios que este material sirva para fortalecer la fe en tiempos de crisis y que glorifique al único que es digno de recibir toda la gloria, la honra, el poder y la alabanza por los siglos de los siglos: el señor Jesús.

**Gonzalo A. Chamorro y Josué Estrada**

*Introducción*

# Diálogos en tiempos de crisis: una introducción necesaria

«Si el mundo entero fuera cristiano,
no importaría que fuera iletrado».
C. S. Lewis

El físico alemán, de origen judío, Albert Einstein concluyó que «toda crisis inevitablemente trae progreso». Esa frase que podría parecer un tanto exagerada en tiempos de pandemia, como la que azota ahora mismo al planeta entero, cobra validez cuando uno tiene una visión mucho más amplia de la historia de las civilizaciones y, sobre todo, del desarrollo de las ciencias.

En ese sentido, uno de los elementos que nuestros lectores deben tener claro es que toda enfermedad infecciosa o contagiosa en los seres humanos florece, irremediablemente, cuando hay un conglomerado de personas habitando una determinada urbe. Por ese motivo muchos historiadores (p. ej. Tácito o Galeno) y epidemiólogos (p. ej. Clifford Allchin Gill) sitúan el origen de las pestes, plagas, epidemias y pandemias en el desarrollo del sedentarismo y del fenómeno poblacional, es decir, la civilización.

Llama mucho la atención que mientras las comunidades se desarrollaban al margen del río Nilo, también surgían una serie de crisis sanitarias y enfermedades desconocidas que hicieron que brotara lo mejor del intelecto humano y de la ciencia médica de aquel tiempo.

Uno de los textos más antiguos que poseemos en la actualidad refleja dicha situación: el papiro Ebers (ca. 1550 a. C.). Según Yavel Mendel en su libro *Medicina antigua*, en este tratado se relatan una serie de dolencias y fiebres pestilentes —probablemente malaria— que asolaron a una buena parte del mundo egipcio.

Por otro lado, cabe destacar que ese mismo papiro no solo era un listado de enfermedades, sino también un manual médico y farmacéutico que presentó en escritura hierática (jeroglífica) una serie de análisis y soluciones médicas a las enfermedades más complejas de aquel entonces. ¡Lo mejor de la inventiva humana en medio de una crisis colectiva!

Otro dato histórico, no menos importante, pero ahora en la antigua Grecia clásica, se sitúa en la famosa Atenas de Pericles por el año 430 a. C. En aquella época, según el historiador y militar Tucídides en su obra *Historia de la guerra del Peloponeso*, aconteció una epidemia que inició en Etiopía, pasó por Egipto, Libia y finalmente cayó y se agravó en Atenas. La epidemia, según los expertos, pudo haber sido la fiebre tifoidea.

Esa difícil situación hizo que surgieran mentes brillantes como el famoso Hipócrates de Cos, considerado como una de las figuras más celebérrimas de la historia de la medicina universal. En su libro *Hipócrates, médico en primera línea*, Luca Novelli dice que el personaje en cuestión «estudió muchas enfermedades, inventó remedios y fármacos, pero sobre todo alejó la medicina de la superstición y de la magia, convirtiéndola en una ciencia y en la profesión en la que se reconocen los médicos de todo el mundo». Una vez más, ¡la crisis como oportunidad para el desarrollo de las ciencias!

Empero, no solo deseo mencionar en este esbozo la evolución de las ciencias médicas en la historia clásica. También quiero destacar el principio moral que caracterizó al cristianismo en los primeros siglos de su existencia en relación a las enfermedades que se suscitaron a su turno, me refiero a la virtud teologal del *amor al prójimo*.

Eusebio de Cesarea nos relató en su famosa *Historia eclesiástica* las palabras del importante pensador cristiano Dionisio de Alejandría (190-264 d. C.), quien en tiempos de brutales epidemias dijo:

> La mayoría de nuestros hermanos cristianos mostraron un amor y una lealtad sin límites, sin escatimarse y pensando solo en los demás. Sin temer el peligro, se hicieron cargo de los enfermos, atendiendo a todas sus necesidades y sirviéndolos en Cristo, y con ellos partieron de esta vida serenamente felices, porque se vieron infectados por otros de la enfermedad. Los mejores de nuestros hermanos perdieron la vida de esta manera, un cierto número de presbíteros, diáconos y laicos llegaron a la conclusión de que la muerte de esta manera, como resultado de una gran piedad y de una fe fuerte, parece en todo similar al martirio (HE, 7, 22).

En contraste al paganismo, «el cristianismo —dice César Vidal en su libro *Por qué soy cristiano*— no solo brindaba remedios prácticos a la crisis, sino que, además, insistía en que todo tenía un sentido vital, aunque este quizá no fuera accesible».

Es menester reconocer que la generosidad, compasión y esperanza de los primeros cristianos fueron el fiel reflejo de un espíritu evangélico que supo velar por la dignidad y la vida de los más desvalidos y enfermos de su tiempo. Un ejemplo paradigmático de aquel que supo caminar con leprosos, publicanos y pecadores es el mismo Jesús, el Mesías de un humilde villorrio llamado Nazaret. ¡El amor, virtud de las virtudes, que surge con ahínco en tiempos de crisis!

Una última acotación histórica, no menos relevante, se remonta a la denominada Edad Media con la famosa peste bubónica o peste negra, la cual, según muchos historiadores, tuvo su primer brote en el 541 d. C. en la época del emperador Justiniano, justo cuando el Imperio bizantino estaba en su mayor esplendor.

Dicha enfermedad, en el supuesto segundo rebrote (1346-1353 d. C.), redujo a la población europea aproximadamente a 30 millones de habitantes. Esta situación generó un lamentable declive demográfico. Los estragos de esta catástrofe, sumados a los de la guerra de los Cien Años entre Francia e Inglaterra, pusieron fin al sistema económico feudal y lograron el desarrollo de la primera economía artesanal en torno a los incipientes mercados en las orillas de los grandes castillos de la época.

Pero no solo el campo de la economía se vio superado, sino que el arte literario tuvo un desarrollo imponente. Personajes como Giovanni Boccaccio con su obra *Decamerón*, libro esencial para introducir el género de la novela corta, y Francesco Petrarca, cuya poesía fundamentó los principios del humanismo renacentista, son ejemplos representativos del desarrollo del arte literario. Y una vez más, ¡la crisis como fuente de inspiración para los grandes artistas de todos los tiempos!

Hemos de reconocer que las enfermedades forman parte de la historia de la humanidad de manera intrínseca. De hecho, podríamos seguir hablando del surgimiento de la viruela, el cólera, los desastres de la gripe española o asiática, el sida en plena revolución sexual y, por supuesto, de la pandemia ocasionada por el coronavirus o la COVID-19, la cual no tiene precedentes en la historia de la aldea global, según la descripción de Marshall McLuhan.

El propósito de esta entrega literaria es poder recordarle a usted, estimado lector, la importancia de reflexionar en una actualizada teología de la esperanza que nos invite a reinventarnos en medio del dolor, la prueba o la tribulación. Y, por supuesto, es una invitación a no olvidar que toda *crisis es una oportunidad* y que «quien supera la crisis, se supera así mismo», según recalca Albert Einstein. Sin embargo, hay un detalle muy especial en todo este proceso de pandemia que no podemos olvidar: no estamos solos, porque «el Señor es bueno, un refugio seguro cuando llegan dificultades. Él está cerca de los que confían en él» (Nah 1:7 NTV).

**Gonzalo A. Chamorro**
Guatemala, mayo de 2020

Honoré Daumier, c. 1868

# Capítulo 1

# Don Quijote y la pandemia

Del yelmo de Mambrino a la corona
del virus más pedante y petulante
dista lo que el hidalgo más galante
márcale con su lanza y su tizona.

Razona de tal modo, si razona,
y en forma tan aguda y elegante
de cuerda sinrazón, que en un instante
cualquier otra razón se desmorona.

Loco tenía que ser, divino loco,
y cuerdo tan cordial que su pecado
es darlo todo en todo y pedir poco.

Rocinante, al final flaco y cansado,
lo lleva hasta del Sol el mismo foco,
en mítico Pegaso transformado.

Amable, 6/5/2020.

*Capítulo 2*

# ¿Es el coronavirus un castigo divino?

«Dios siempre está tratando de darnos buenas cosas,
pero nuestras manos están demasiado llenas para recibirlas».
Agustín de Hipona

Cuando uno visita el Yad Vashem en Israel, museo que recuerda y eterniza la memoria de las víctimas del Holocausto, es inevitable preguntarse lo siguiente: ¿dónde estaba Dios en medio de este terrible sufrimiento?

Este mismo cuestionamiento podríamos plantearlo por cada peste, plaga, epidemia, pandemia o desastre provocado por la naturaleza misma o por la intervención meramente humana.

Pregunta mitológica, teológica y existencial que ha estado presente a lo largo de toda la historia de la civilización o del desarrollo humano, y que ha generado un sinnúmero de respuestas de todo tipo.

Por ejemplo, Hipócrates, el médico por antonomasia, desde una visión moralista, dijo en uno de sus tratados (IV, 2c) lo siguiente: «Las enfermedades no nos llegan de la nada. Se desarrollan a partir de pequeños pecados diarios contra la naturaleza. Cuando se hayan acumulado suficientes pecados, las enfermedades aparecerán de repente».

Por otro lado, una interpretación que permeó una buena parte de la Antigüedad clásica con relación al sufrimiento y el dolor fue la desarrollada por la filosofía estoica. Para David Morris:

> Los escritores estoicos solían referirse a la filosofía como una medicina: como una ayuda práctica en los asuntos del diario vivir. Como la medicina, en efecto, la mente, según el filósofo estoico, crea y recrea el dolor del cuerpo. El dolor corporal del estoicismo, podríamos decir, está, paradójicamente, siempre en la cabeza, porque la mente o la razón o el alma poseen siempre el poder —y el deber— de suprimirlo o de superarlo.[1]

En última instancia, para el estoicismo el dolor depende de nuestra capacidad de controlar la mente o de filosofar sobre lo que nos acongoja, por tanto, la crisis y el sufrimiento se vuelven algo esencialmente subjetivo e individual en esta corriente de pensamiento.

En teología —saber que nos interesa en este ensayo— también se han dado diferentes respuestas al problema del sufrimiento. La más importante, y no menos cierta, postula que el dolor y la crisis se introducen en la historia de la revelación por causa de la maldad humana. Empero, esta interpretación tiene varios matices que debemos mencionar.

En la Biblia, por ejemplo, las plagas que asolaron al pueblo de Dios se constituyeron como una posible amenaza por causa del rompimiento del pacto con Dios (Lv 26:23-26). De hecho, los profetas anunciaron el brote de epidemias como parte de un juicio divino ante la maldad de los israelitas (Jer 21:5-10). Sin embargo, también se menciona el retiro de una plaga por parte de Dios como respuesta a la oración y a la obediencia de la nación (Éx 8:12-13; Nm 14:10-20). Incluso el

---

1. David Morris, *La cultura del dolor* (Barcelona: Editorial Andrés Bello, 1996), 188.

texto famoso del Sal 91 nos recuerda de la protección divina ante una determinada peste o epidemia (Sal 91:3-8).

Podemos concluir, por tanto, que las plagas, pestes, epidemias, pandemias o sufrimientos, en términos generales, están íntimamente relacionados a nuestra concepción del hombre y, por supuesto, del Creador. Es decir, una clara visión de quién es Dios y qué es lo que exige de nosotros determinará nuestra comprensión del sufrimiento humano.

Esto lo menciono porque hoy día, tiempos de coronavirus, se ha planteado la idea de que Dios está anotando en una agenda a qué individuo o nación castigará por causa de su pecado. Incluso he leído en redes sociales a cristianos que consideran que algunos pecadores merecen más el castigo que otros.

Ante esas premisas surgen las siguientes interrogantes: ¿Dios está castigando a una parte de China con el coronavirus por el solo hecho de ser comunistas?, ¿el número de contagiados en EE. UU. se debe al abandono de los principios y valores que le dieron sustento a esta nación que se ha vuelto tan materialista?, ¿es posible que el aumento de enfermos por coronavirus en el Reino Unido se deba a su creciente ateísmo militante?

Es verdad, como ya hemos mencionado anteriormente, que en el Antiguo Testamento Dios castigó a la nación de Israel por su idolatría o injusticia. De igual manera, no es menos cierto que la paga del pecado es la muerte (Ro 6:23). Sin embargo, debemos reconocer también que el sufrimiento ha existido a lo largo de la historia para poder experimentar el consuelo divino o, simple y sencillamente, para mostrar un genuino arrepentimiento y, de esa manera, volvernos al Creador.

En ese sentido, el Señor Jesucristo proporcionó una de las respuestas más notables con relación a la temática del sufrimiento humano o el juicio divino, la cual está registrada en el relato magistral del médico e historiador Lucas.

## Jesús y las calamidades

El evangelista Lucas nos cuenta en 13:1-5 que Jesús enseñó a las multitudes que la adversidad le puede sobrevenir a todos en cualquier momento y bajo cualquier circunstancia.

En ese contexto, el Señor citó dos ejemplos acerca de la destrucción o la calamidad. El primero menciona a unos galileos que fueron asesinados por Pilato mientras ofrecían sacrificios.[2] El segundo recuerda a dieciocho ciudadanos, aparentemente inocentes, que murieron cuando la torre de Siloé les cayó encima.[3]

En ambos casos nuestro Señor Jesucristo preguntó a su audiencia si ellos creían que estas personas habían sufrido por ser más pecadoras que sus propios coterráneos. Curiosamente, «desde tiempos tan lejanos como los de Job se creía que los infortunios solamente venían como castigo por el pecado; y que por lo tanto, cualquier calamidad

---

2. «Ni Josefo, ni ningún otro escritor sagrado o secular, narra este acontecimiento. Todo lo que sabemos es lo que Lucas nos dice aquí, a saber, que algunas personas que vivían en Galilea y habían hecho una peregrinación a Jerusalén estaban ocupados, presentando sus sacrificios en el templo, cuando repentinamente fueron derribados por orden de Pilato». William Hendriksen, *El Evangelio según San Lucas* (Grand Rapids: Libros Desafío, 2002), 661.

3. «Es posible que la torre de Siloé haya estado en el muro de Jerusalén a la altura del estanque de Siloé; tal vez haya estado asociada con la construcción por parte de Pilato de un sistema mejorado de abastecimiento de agua para la ciudad». Craig S. Keener, *Comentario del contexto cultural de la Biblia: Nuevo Testamento* (El Paso: Mundo Hispano, 2014), 223.

era señal de pecado muy grave».[4] Sin embargo, para el profesor Orellana:

> Hay una doble intencionalidad en Jesús. Primero, relata la historia de una catástrofe que involucra a judíos, como para que ellos no pensaran que a los del primer relato les pasó tan grande desgracia solo por ser galileos. Segundo, aunque descarta que en ninguno de los dos casos la catástrofe fuera consecuencia de su vida moral y espiritual, cambia el sentido de *pecadores* (*amartolós*), en el caso de los galileos (v. 2), a *culpables* (*ofeilétes*), en el caso de los judíos (v. 4). Aunque los judíos usaban las palabras «pecador» y «deudor» como sinónimos, parece haber una intención semántica adicional muy clara, por parte de Jesús, al cambiar el sentido a renglón seguido en el mismo texto. Al parecer Jesús quería resaltar que pecadores son todos (gentiles y judíos).[5]

Esta situación de desastre le sirvió a Jesús para confrontar a la gente con su real necesidad de arrepentimiento. En ese sentido, es fundamental reconocer que el Mesías reorienta el pensamiento de la gente hacia su propia realidad de vida y enfatiza que sin una conversión genuina *todos* perecerán. «Solo el arrepentimiento puede traer vida a medida que la gente se prepara para entrar al reino».[6]

## Conclusión

Teológicamente no es fácil saber la razón de los sufrimientos en este mundo. Podrían ser —repito— un castigo por algún pecado o

---

4. Charles L. Childers, "El Evangelio según San Lucas", en *Comentario bíblico Beacon* (Lenexa: Casa Nazarena de Publicaciones, 2010), 6:542.

5. Joselito Orellana, *Lucas*, Comentario Bíblico Mundo Hispano 16 (El Paso: Mundo Hispano, 2007), 228.

6. John Martin, "Lucas", en *El conocimiento bíblico: Un comentario expositivo; Nuevo Testamento*, eds. John F. Walvoord y Roy B. Zuck (Puebla: Ediciones Las Américas, 1995), 1:314.

rebelión personal, el resultado de vivir en un mundo caído (el mal estadístico) o una oportunidad para el crecimiento personal.[7]

Lo que sí puedo concluir con certeza es que las calamidades no vienen solo sobre los más pecadores, sino que caen sobre todos. Por esto es necesario saber que el camino para estar en paz con Dios durante esta época de sufrimiento, dolor, confinamiento y pandemia (COVID-19) consiste en lo siguiente: volver nuestra mirada a Dios (arrepentimiento genuino), cambiar nuestra actitud y mentalidad hacia nuestro Hacedor y disfrutar de la gracia esperanzadora que nos da vida eterna. En síntesis: los tiempos difíciles no son una señal de la ira de Dios, sino un llamado a dejar nuestra soberbia y una invitación a acercarnos a él, porque él se acercará a nosotros (Stg 4:8).

**Gonzalo A. Chamorro** (Chile) es licenciado y magíster en Teología por el Seminario Teológico Centroamericano. Actualmente está escribiendo su tesis doctoral sobre historia y teología colonial. Es profesor de Historia y Teología, conductor del programa *Fe y actualidad*, conferencista y forma parte del equipo pastoral de Iglesia Vida Real. Gonzalo es el director del Instituto CRUX.

7. Bob Utley, *El Evangelio de Lucas: El historiador Lucas*, Comentario del Intérprete Bíblico: Nuevo Testamento (Texas: Lecciones Bíblicas Internacional, 2015), 13.

# Capítulo 3

# Crisis, frustración y confianza: reflexiones a partir del profeta Habacuc

Un autor dijo que «el espíritu humano es capaz de resistir una enorme cantidad de aflicciones, incluso el encontrarse ante la perspectiva de la muerte, si las circunstancias tienen sentido».[1] Pero ¿qué pasa cuando en medio del dolor no vemos el sentido de lo que ocurre? ¿Qué pasa cuando lo que Dios hace no tiene sentido? ¿Dónde quedan nuestros perturbados sentimientos y nuestro coraje? ¿Qué pasa cuando nos sentimos frustrados con Dios ante una crisis que nos rebasa? Aun cuando el panorama es oscuro, ¿podemos seguir confiando en Dios?

Es cierto que el desconcierto ante la crisis nos puede llevar al camino opuesto de la confianza. No obstante, también es verdad que las preguntas anteriores forman parte del caminar del hombre y la mujer de fe. No hay que asustarse si en estos momentos, donde el mundo vive una pandemia que las últimas dos generaciones no logran concebir, las personas ponen sobre la mesa estas preguntas. En este sentido, el profeta Habacuc quizás es el mejor ejemplo para orientarnos sobre qué hacer en estos casos.

---

1. James Dobson, *Cuando lo que Dios hace no tiene sentido* (Miami: Unilit, 1993), 22.

## Habacuc: vida y contexto

De Habacuc no sabemos mayor cosa. Posiblemente fue sacerdote, un levita. Su nombre puede designar una planta de jardín o significar «abrazador» o «abrazado». Por eso Lutero prefirió identificar su nombre con «el que abraza», diciendo que «tiene un nombre muy apropiado para su oficio. Porque significa uno que alienta, uno que toma a otro y lo acerca a su corazón y sus brazos».[2]

Habacuc vivió durante una época política y espiritualmente turbulenta. Crisis tras crisis se vivieron en este período. Por ejemplo, el profeta fue testigo de la invasión a su nación por los ejércitos de Babilonia y de la caída moral de Judá en época de Joacim después de estar en un punto espiritualmente elevado durante el reinado del buen Josías.[3]

## Mensaje del libro

El testimonio escrito que llega hasta nosotros puede equipararse a una elevada nota de frustración y coraje ante Dios. De hecho, es curioso que los primeros dos capítulos son una conversación entre Habacuc y Dios, reflejando el siguiente ciclo: 1) Habacuc expone su situación y Dios le responde (1:4-11); 2) Habacuc protesta y Dios responde nuevamente (1:12-2:20).

La corrupción moral y política, la falta de justicia y la violencia de los poderosos hacia el pueblo es la situación que abate al profeta y lo

---

2. Alfonso Lockward, *Nuevo diccionario de la Biblia* (Miami: Unilit, 1999), 450.

3. Stephen Miller, "Libro de Habacuc", *Diccionario bíblico Lexham*, eds. John D. Barry y Lazarus Wentz (Bellingham: Lexham Press, 2014).

impulsa a invocar la justicia divina. Sin embargo, la forma en que se impartirá esta justicia no es del agrado de Habacuc, motivo por el cual protesta, quizás descaradamente, ante Dios.

De la actitud de Habacuc ante la crisis se desprenden las siguientes reflexiones que, sin duda, son relevantes ante la situación actual que se vive por la pandemia generada por la COVID-19 y sus implicaciones sociales, políticas y hasta religiosas:

- En primer lugar, el profeta tiene la libertad de exponer su preocupación y queja ante el Creador, es decir, no se siente intimidado. Él sabe que Dios lo escuchará y que atenderá su clamor. Lo anterior es una verdad reflejada en los Salmos y en la vida de muchos personajes del Antiguo Testamento. Dios está dispuesto a escuchar las peticiones que emanan desde la sinceridad del individuo. En la crisis no se debe callar, sino más bien acudir a aquel que es nuestro pronto auxilio en la tribulación.

- Segundo, Habacuc sabe esperar. Él confía en que habrá una respuesta a su petición, aunque esta no necesariamente sea positiva: «Sobre mi guarda estaré, y sobre la fortaleza afirmaré el pie, y velaré para ver lo que se me dirá, y qué he de responder tocante a mi queja» (Hab 2:1). La comparación que se hace es con un atalaya, centinela antiguo cuya mayor responsabilidad era estar pendiente de las noticias nuevas, fueran buenas o malas. La tentación en momentos de crisis es pedir que esta se resuelva de acuerdo con nuestros mejores pensamientos o según lo que consideramos correcto. Pero lo que nos muestra el escrito de Habacuc es que debemos de velar en pro de la respuesta de Dios, sea cual sea. Muchas veces la respuesta de parte del Señor no es la que esperamos, y esto nos puede causar desconcierto y frustración.

- Finalmente, Habacuc deja una última lección. Aunque no nos guste la respuesta de Dios, aunque nos cause desconcierto y nos frustre, debemos confiar en que el Soberano tiene el control total, aun en medio de las crisis. Dios es el Dios de la historia (3:1-15), y así como en el pasado se ha manifestado, sin duda lo volverá a hacer. En él está la salvación y fortaleza en los momentos de desconcierto. Por lo tanto, la invitación es clara: confiar en el que está más allá de nuestra pobre y limitada visión, es confiar en aquel que ha sido siempre fuente de la salvación.

Los últimos versos de Habacuc dan testimonio y aleccionan nuestra vida. Podremos encontrarnos en medio de la peor crisis sanitaria y económica, en incertidumbre total hacia el futuro; sin embargo, por más sinsentido que haya alrededor, no podemos olvidar que la salvación y fortaleza vienen de aquel que es «el totalmente otro», el Dios revelado en las Escrituras en el cual hemos puesto nuestra confianza:

Aunque la higuera no florezca,
Ni en las vides haya frutos,
Aunque falte el producto del olivo,
Y los labrados no den mantenimiento,
Y las ovejas sean quitadas de la majada,
Y no haya vacas en los corrales;
Con todo, yo me alegraré en Jehová,
Y me gozaré en el Dios de mi salvación.
Jehová el Señor es mi fortaleza,
El cual hace mis pies como de ciervas,
Y en mis alturas me hace andar
(Hab 3:17-19).

**Amir A. Tejada** (Nicaragua) es licenciado en Contaduría Publica y Finanzas por la UENIC, además, es licenciado y magíster (M.Th.) en Teología por el Seminario Teológico Centroamericano. Ha sido líder juvenil en Nicaragua y Guatemala. Actualmente es el asistente ejecutivo del Instituto CRUX y profesor de Teología y Biblia en diversos institutos y seminarios.

# El sufrimiento a través de los ojos del apóstol Pablo

«El dolor es inherente a la misma existencia de un mundo
en el que las almas pueden encontrarse».[1]
C. S. Lewis

Se quiera o no, el dolor o sufrimiento forma parte de las fibras de la vida misma y ha estado presente, desde sus inicios, tanto en la reflexión como en la experiencia cristiana. Por lo tanto, es un tema que podemos abordar o que debemos reflexionar profunda y bíblicamente. Al leer la segunda misiva de Pablo a la iglesia de Dios en Corinto (1:1), no se puede negar que uno de sus principales argumentos es el tema del sufrimiento; de hecho, lo da por sentado desde los primeros versículos. La misma invocación de 1:3 será la llave para poder entender las diferentes analogías, ejemplos y comparaciones que hará el Apóstol sobre dicho tema: «Bendito sea el Dios y Padre de nuestro Señor Jesucristo, Padre de misericordias y *Dios de toda consolación...*».

## El sufrimiento en 2 de Corintios

Existen por lo menos dos pasajes en la carta que instruyen sobre el sufrimiento (1:3-11 y 11:21b-30). Con respecto al primero, con la

---

1. C. S. Lewis, *El problema del dolor* (Nueva York: Rayo, 2006), 93.

declaración presente en el v. 3, Pablo «apremia a todos los corazones doloridos y angustiados que busquen su fortaleza en Dios».[2] Es posible que el término «misericordia» se refiera a la preocupación compasiva de Dios hacia sus hijos. Además, la consolación en este contexto apunta a la seguridad de que Dios no está en contra de los que sufren, sino para ellos.[3] Parece claro que el Apóstol busca afirmar el carácter de Dios en su mensaje. Muchas veces en momentos de angustia el que sufre puede sentirse abandonado por Dios, pero Pablo ataca esta idea al recordar que Dios está por y para el que sufre, ya que él es compasivo y consolador.

Una segunda verdad presente en este párrafo es el propósito terapéutico de los que son objeto de consolación: «... consolar a los que están en toda aflicción, por medio de la consolación con que somos consolados por Dios» (1:4). Aquellos que son receptores del consuelo divino tienen la tarea de ser agentes de consolación a los que sufren aflicciones. En este sentido, «la iglesia tiene la divina encomienda de convertirse en fiel modelo del amor de Dios en el mundo y a favor del mundo. En esto consiste el significado y la permanencia de la afirmación de que la iglesia, como comunidad intermedia clave, está llamada a ser la comunidad sanadora por excelencia».[4]

Lo expuesto en 2 Co 1:8-11 presenta los conceptos, quizás, más paradójicos del sufrimiento: la confianza y la esperanza. Pablo mismo se pone como ejemplo al mencionar su experiencia en Asia. Recuerda que lo que experimentó fue más allá de sus propias fuerzas, pero reconoce que lo vivido ha tenido como propósito el confiar en Dios (1:9). Esta confianza es tan plena que el Apóstol sabe que el poder

---

2. Archibald T. Robertson, *Comentario al texto griego del Nuevo Testamento* (Barcelona: CLIE, 2003), 463.

3. Frederick W. Danker, *2 Corinthians*, ACNT (Minneapolis: Augsburg Fortress, 1989), 33.

4. Daniel S. Schipani, *Manual de psicología pastoral* (Guatemala: Nuñez & Taylor, 2016), 20.

de Dios es incluso sobre la muerte. Para Pablo los sufrimientos, que en algunos casos lo han sobrepasado, le han llevado a experimentar consuelo, ser de consuelo, tener confianza y esperanza en el Dios que incluso resucita a los muertos.[5]

En 2 Co 11:21b-30, Pablo expone a sus lectores una lista de sufrimientos y peligros que ha experimentado. Esta lista no es nada sutil: pasa desde golpes con palos hasta naufragios. Sin embargo, en ningún momento se queja de esto. De hecho, en otra de sus cartas confiesa que ha aprendido a vivir en abundancia o escasez, y a contentarse cualquiera sea su situación (Fil 4:11-12). Es decir, los sufrimientos de Pablo han sido didácticos en su vida. La enseñanza que ha aprendido es su dependencia de Dios.

En momentos de crisis, el dolor o sufrimiento se vuelven exponenciales. Las preguntas no tienen respuestas, los problemas no tienen solución y no hay luz al final del camino. Pero en medio de todo esto Pablo hace un llamado difícil de asimilar, pero más difícil de ignorar: dependencia de Dios. La dependencia no se da en un vacío, se da en el conocer al Dios de la historia. En el pasado Pablo experimentó la bondadosa mano de Dios en medio de situaciones inimaginables, y es por eso que ahora, con toda autoridad, invita a sus lectores a depender del Dios compasivo y consolador.

Pablo finaliza su argumento (11:30) diciendo que si es necesario presumir algo, se jactaría de su debilidad, ya que en ella es donde

---

5. La expresión del v. 9 («sino en Dios que resucita a los muertos») probablemente tiene su origen en la liturgia judía conocida como las «Dieciocho bendiciones», aunque para Pablo ahora se convierte en una insinuación claramente intencionada a la obra realizada por Dios en la resurrección de Cristo. Margaret E. Thrall, *A Critical and Exegetical Commentary on the Second Epistle to the Corinthians*, ICC (London: T&T Clark, 1994), 1:119. Scott J. Hafemann, *Comentario bíblico con aplicación NVI: 2 Corintios* (Miami: Vida, 2016, versión Kindle).

el poder de Dios obra. Él reconoce que a pesar de una gran lista de aflicciones y sufrimientos está su gloria, gloria que se entiende por lo que él ha dicho (2 Co 1:7; 4:7-18) y dirá (2 Co 12:9-10): la esperanza es que estas aflicciones son pasajeras y que el Dios de consolación está para los que dependen de él.

## El sufrimiento: enseñanza y significado

En primer lugar, el sufrimiento trae la oportunidad de ser consolados por Dios y de ser medio de consolación a otros. Aunque parece un atrevimiento la siguiente aseveración, Pablo ve con gozo (con propósito) el dolor que ha experimentado. Él no reniega de ello.

La confianza y la esperanza son conceptos ligados al sufrimiento. Recordar que el cristiano tiene la esperanza puesta en aquel que tiene poder para levantar a los muertos es la mayor declaración de garantía que puede haber en medio de situaciones de dolor y sufrimiento. En un mundo tan convulsionado, el consuelo, la confianza, la dependencia y la esperanza son semillas que crecen en medio de tierras de dolor.

---

**Amir A. Tejada** (Nicaragua) es licenciado en Contaduría Publica y Finanzas por la UENIC, además, es licenciado y magíster (M.Th.) en Teología por el Seminario Teológico Centroamericano. Ha sido líder juvenil en Nicaragua y Guatemala. Actualmente es el asistente ejecutivo del Instituto CRUX y profesor de Teología y Biblia en diversos institutos y seminarios.

# Capítulo 5

# Evangelio: ¿buenas noticias en medio de la pandemia?

> ¡Qué hermosos son, sobre los montes,
> los pies del que trae buenas nuevas;
> del que proclama la paz,
> del que anuncia buenas noticias,
> del que proclama la salvación,
> del que dice a Sion: «Tu Dios reina»!

Este es un fragmento de un poema muy antiguo que ha quedado registrado en uno de los libros de la Biblia. Isaías fue un poeta que elevó su voz en medio de una situación caótica para Israel: los días de gloria habían pasado y el pueblo había sido llevado a la cautividad. La comunidad en la que vivía estaba atravesando malos momentos y parecía que habían perdido el control de sus propios destinos. En medio de esta turbulenta situación, Isaías proclama que lo que están viviendo no será eterno, sino que, a pesar de la reinante oscuridad, se podían divisar luces de esperanza, luces de salvación. La esperanza brindada al pueblo descansaba en una inigualable noticia: «Tu Dios reina» (Is 52:7). Esta declaración poética está cargada de sentido: si Dios estaba aún sentado en su trono, el destino de su pueblo no estaba a la deriva (v. 12); si el Dios de Israel reina, el exilio que estaban viviendo tarde o temprano llegaría a su fin (v. 8); si el Dios de Isaías estaba al mando, ni los tiranos ni los opresores tenían la última palabra (vv. 5-6); si Dios reina, aun desde las ruinas se podían entonar canciones de alegría (v. 9). Dios, por medio de Isaías, estaba trayendo consuelo y fortaleza a su pueblo en momentos de adversidad recordándoles una hermosa noticia: él reina.

Los autores del Nuevo Testamento retoman esta imagen de las «buenas noticias» y la aplican a la vida y obra de Jesús. De hecho, en el primer siglo, se escriben 4 tratados diferentes acerca de él, los cuales posteriormente reciben el nombre de «evangelios», es decir, buenas noticias. Los que conocieron a Jesús y vivieron de cerca su ministerio pudieron comprender que la realidad del reinado del Dios de Israel estaba llegando a su clímax en él. Estos escritores proclaman una y otra vez este hecho: Jesucristo reina. Pedro en su primer discurso dice que Dios a Jesús lo ha hecho Señor (Hch 2:36); Pablo enfatiza que Cristo está reinando (1 Co 15:25) y es el Mesías del linaje de David (2 Ti 2:8); Juan, por su parte, mira la imagen del Cordero sacrificado junto al que está sentado en el trono, dignos de gloria y poder por todos los siglos (Ap 5:13). ¡Esta era la buena noticia! ¡Este era el evangelio!: Jesús estaba reinando y había traído nuevamente salvación a su pueblo. El anuncio de este evangelio, por tanto, no solo iba a recordar lo que Jesucristo había hecho, sino que, en momentos de dificultad, les iba a servir de consuelo y fortaleza, así como había sido muchos años antes para el pueblo de Israel.

En tiempos difíciles, los cristianos, es decir, aquellos que hemos rendido nuestra lealtad y fidelidad al rey Jesús, debemos recordar y apropiarnos de estas buenas noticias. En esta pandemia el evangelio debe ser nuestro consuelo y nuestra fortaleza. ¿Cómo se logra esto? En primer lugar, entendiendo que si Jesucristo reina, nuestro destino no está a la deriva. El Señor nos está llevando hacia el cumplimiento de su promesa, la cual esperamos: cielos nuevos y tierra nueva donde mora la justicia (2 P 3:13). La muerte ya ha sido destruida y en su lugar hemos visto la luz de una vida incorruptible (2 Ti 1:10). Por tanto, aunque la enfermedad atente contra nuestra vida antes de la muerte, esta no tiene ninguna repercusión para nuestra vida eterna en Cristo. Esta es la convicción que el apóstol Pablo manifiesta cuando escribe: «Si vivimos, para el Señor vivimos; y, si morimos, para el Señor morimos. Así pues, sea que vivamos o que muramos, del Señor somos» (Ro 14:8).

En segundo lugar, el evangelio nos brinda fortaleza al informarnos que Jesucristo reina porque en la cruz ha vencido a todos los poderes y potestades que afligían a este mundo (Col 2:14-15). Toda la maldad que está detrás de nuestros sistemas políticos y económicos, toda la oscuridad que amenaza a nuestras familias y sociedades, toda estructura de pecado incrustada en las formas en que nuestro mundo se desenvuelve han sido derrotadas y exhibidas públicamente en el desfile triunfal del Rey (v. 15). Por tal motivo, la opresión, las injusticias y la tiranía tienen sus días contados. Aunque nuestros sistemas públicos de salud sean precarios, aunque nuestros sistemas económicos sean muchas veces injustos, aunque nuestros sistemas políticos sean corruptos, aunque la pandemia haya desnudado el egoísmo, el individualismo y la falta de amor de nuestras sociedades, el evangelio nos anuncia que Dios por medio de Cristo está haciendo todo nuevo y reconciliando todas las cosas con él (Col 1:20) ¡Este es el proyecto salvífico que está implementando el rey Jesús en la historia humana!

En tercer lugar, las buenas noticias nos brindan consuelo al reconocer que los cielos nuevos y la tierra nueva están comenzando a vivirse en medio de la comunidad cristiana, pues todos los que estamos en Cristo ya somos una nueva creación (2 Co 5:17). Responder en lealtad a nuestro Rey, como nuevas criaturas, implica crear nuevos espacios en donde la justicia de Jesús se manifieste;

comunidades donde se pueda amar, perdonar, aceptar y servir los unos a los otros; lugares donde, al igual que la iglesia de Hechos, se pueda experimentar la unidad, la solidaridad y el tener todas las cosas en común, incluso cuando estas cosas representen sacrificios individuales. En esta pandemia, cada vez que compartimos el pan, consolamos a los afligidos, oramos por el necesitado, nos movemos en beneficio del prójimo y sacrificamos nuestras pertenencias por el bien común estamos actualizando la salvación que viene del Señor. Cada acción, por pequeña que sea, que refleje la justicia y el amor del Rey es una semilla de su nueva creación.

En cuarto lugar, si Jesucristo reina, a pesar de las adversidades, incluso en medio de las ruinas, podemos cantar con esperanza de la forma en que el libro de Apocalipsis nos enseña:

> ¡Digno es el Cordero, que ha sido sacrificado,
> de recibir el poder,
> la riqueza y la sabiduría,
> la fortaleza y la honra,
> la gloria y la alabanza!
> ¡Al que está sentado en el trono y al Cordero,
> sean la alabanza y la honra, la gloria y el poder,
> por los siglos de los siglos!
> ¡La salvación viene de nuestro Dios,
> que está sentado en el trono,
> y del Cordero!
> (Ap 5:12, 13; 7:10)

De la misma manera que en el Antiguo Testamento, las buenas noticias del rey Jesús nos traen consuelo y fortaleza para vivir como nuevas criaturas de su reino, aun en situaciones de adversidad. Así como hemos escuchado esas buenas noticias, vivamos ahora más que nunca a la luz de esa realidad anunciada: ¡Jesucristo reina! ¡La salvación es del Señor!

45

---

**Miguel Reyes** (El Salvador) es profesor en Estudios Teológicos, licenciado en Administración de Empresas y actualmente está terminando su maestría (M.Th.) en Teología en el Seminario Teológico Centroamericano, donde funge como profesor adjunto de materias de teología. Es músico, educador musical, bloguero de theojamming.com y miembro de la FTL, participando del núcleo coordinador en Ciudad de Guatemala.

*Capítulo 6*

# ¿En quién confiamos?
# Reflexiones en el Salmo 121

Sin duda, hoy estamos atravesando una incertidumbre planetaria. Esto se debe a los trastornos tanto sanitarios como económicos por causa del COVID-19. En estas circunstancias de adversidad es que afloran nuestras confianzas o temores profundos. Cuando todo va bien, cuando pareciera que tenemos todo bajo control, tendemos a olvidarnos de esas confianzas y pensamos como el mercader en la epístola de Santiago: «Mañana haré esto o aquello, iré a tal ciudad, negociaré un año y tendré ganancias» (Stg 4:13). Luego de señalar eso como arrogancia, Santiago nos empuja a preguntarnos lo siguiente: ¿en quién o qué tengo puesta mi confianza? En esa misma dirección, el Sal 121 nos da razones contundentes que nos ayudan a responder esa pregunta.

Este salmo forma parte de la colección de cantos del libro V del Salterio. Es uno de esos cantos que fueron pensados para que los peregrinos que subían al templo para las fiestas o volvían a sus casas después de ellas tuvieran la ocasión de recordar al Señor y sus bondades. Estos se conocen como salmos de ascenso gradual (Sal 120-134). Es un diálogo entre dos personas. La primera reflexiona en voz alta sobre su confianza en Dios (vv. 1-2) y luego anima a otra a que también ponga su confianza en el Señor (vv. 3-6).

Me imagino a las personas cantando alegres luego de haber participado en alguna de las fiestas anuales. Con ánimo comienzan el descenso hacia sus hogares en las aldeas. En ese ánimo, dice el salmista: «Levantaré mis ojos a los montes; ¿de dónde vendrá mi socorro? Mi socorro viene del Señor, que hizo los cielos y la tierra» (121:1-2). La ciudad de Jerusalén está rodeada de colinas. En el Sal 125:2 se nos recuerda que la imponencia de esos montes evoca el poder de Dios. Dios rodea a su pueblo como esos montes rodean a Jerusalén. De la misma manera, en el Sal 123:1 el salmista alza sus ojos a Dios el rey. De esta manera, la pregunta con la que empieza el Sal 121 es respondida en el v. 2. Dios es en quien el salmista tiene su confianza. Del Dios creador es que viene el socorro. Esas colinas que pueden verse al ir bajando desde Jerusalén son un recuerdo inamovible de que Dios está presente, atento a su pueblo y deseoso de socorrerlo. Él es el Dios creador, el mismo que con su voz creó de la nada todo lo que existe. Él también nos creó a los seres humanos, por eso es quien está cercano para socorrernos.

El salmista ahora gira su reflexión para animar a su compañero o compañera de travesía a que también ponga o afirme su confianza en el Señor. Le recuerda lo siguiente: «[Dios] no permitirá que tu pie resbale; no se adormecerá el que te guarda. He aquí, no se adormecerá ni dormirá el que guarda a Israel» (121:3-4). Así que ya sea que vaya viajando de día o de noche, Dios sigue atento a su pueblo. El calor del día podría adormecer a un vigilante, o el cansancio en la noche. Sin embargo, eso jamás ocurre con nuestro Dios. A él no le afectan los husos horarios. No importa en qué parte del planeta estemos, él siempre está atento a nuestras situaciones, y está listo a extender sus manos de socorro.

No solo está atento a nuestro camino, además Dios nos cuida en nuestro peregrinar. Continúa el salmista diciéndole a su compañero o compañera de ruta: «El Señor es tu guardador; el Señor es tu sombra a tu mano derecha. El sol no te herirá de día, ni la luna de noche» (121:5-6). Dios nos cuida. Me puedo imaginar a las personas bajando al atardecer rumbo hacia el norte con el sol comenzando a declinar hacia el mar Mediterráneo. La sombra de sus cuerpos se proyecta hacia la derecha. Los sigue a donde vayan. Así también es Dios, dondequiera que estemos ahí está él con nosotros. Nos guarda del sol abrasador del día, que seca la hierba y provoca que la flor se caiga en cuestión de horas. Ni las amenazas que trae la oscuridad apenas alumbrada por la luna hacen mella en su cuidado. De la misma manera, en el día a día, en cada circunstancia el Señor está atento a nuestras vidas.

Por eso concluye el salmista en su diálogo con su compañero o compañera de ruta, diciendo: «El Señor te protegerá de todo mal; Él guardará tu alma. El Señor guardará tu salida y tu entrada desde ahora y para siempre» (121:7-8). Sin duda, esta es una invitación a confiar en el Señor. Ya le dio las evidencias de lo que Dios hace en su propia vida. Ahora lo anima a que confíe, pues el Señor lo protege de todo mal. Su vida completa está al cuidado del Señor. Esa es la idea de «alma» aquí. No es solo lo inmaterial del ser humano que está al cuidado de Dios, sino toda su persona. En toda circunstancia, ya sea entrando o saliendo de su hogar, ahí está el Señor para cuidarlo. ¿Confiará en el Señor? ¿Esperará su socorro en el Señor?

El salmista ha sido contundente. Sus melodías animan al grupo de viajeros a unirse en su canto. Cada uno puede decir que Dios es su fuente de confianza. En Dios descansan y buscan su socorro. Una a la otra, por medio de este salmo, cada persona anima a las demás a confiar en el Señor en toda circunstancia.

De la misma manera, hoy nosotros echamos mano a la confianza que hemos construido a lo largo de los años. Hemos podido ver a

Dios cuidando nuestra entrada y nuestra salida. Hemos podido palpar de día y de noche la mano de Dios cuidándonos. A partir de esos recuerdos es que nos animamos en medio de las circunstancias difíciles que estamos viviendo a volver nuestros ojos a los montes, con la total confianza de que nuestro socorro viene del Señor. Las circunstancias pueden ser muy difíciles. Quizás la enfermedad nos ha cercado, nos ha hecho sucumbir. Quizás algún pariente o amigo ha sido contagiado con coronavirus. Incluso, es posible que conozcamos a alguien que partió con el Señor producto de esta pandemia. Quizás su trabajo se ha visto disminuido y sus ingresos se han diluido. Quizás sus vecinos comienzan a dar manifestaciones de desolación o de necesidad económica. Quizás en su confinamiento en casa las cosas no han estado bien. La angustia le ha hecho perder el sueño. Es precisamente en estos momentos cuando debemos recordar estas palabras del salmista. Nuestra esperanza debe estar en Dios. Él es nuestro socorro en todo tiempo.

Con todo y eso, no vivimos aislados. Somos una comunidad de personas que confiamos en Dios como nuestro socorro. Él nos usa a nosotros mismos para ser esa sombra a la mano derecha. Él nos guía a ser la persona que extiende su mano al compañero o compañera de viaje que está por tropezar. Dios quiere que como comunidad de creyentes seamos sus brazos de ayuda, seamos el socorro. La fortaleza que él nos da, el cuidado que él nos brinda lo podemos hacer extensible a quienes nos rodean. De esa manera, el socorro nuestro se convierte en socorro de muchos.

**Nelson R. Morales** (Chile-Guatemala) es licenciado en Teología y magíster en Biblia (M.Th.) por el Seminario Teológico Centroamericano. Obtuvo su PhD en Nuevo Testamento en Trinity International University en Chicago, especializándose en la epístola de Santiago. Entre sus publicaciones más recientes está *Poor and Rich in James: A Relevance Theory Approach to James's Use of the Old Testament* (2018). Es miembro del Comité Académico del Instituto CRUX y panelista del programa *Fe y actualidad*.

*Capítulo 7*

# Perseverancia y paciencia en la crisis

El gozo, la paz, la perseverancia y la paciencia han sido virtudes importantes en el cristianismo. De hecho, antiguos escritores llegaron a reconocer con asombro, a pesar del desprecio por el cristianismo, algunas de estas virtudes en los primeros cristianos, las cuales practicaban con una dedicación comparable a la de auténticos sabios o filósofos.[1] Y hoy, en medio de la desesperación y la crisis, es un tiempo donde podemos evaluar no solo el gozo y la paz, sino nuestra paciencia y perseverancia. Es necesario que los cristianos reflexionemos sobre la manera de enfrentar los tiempos difíciles.

Estudiemos un poco el libro de Colosenses y veamos cómo la oración de Pablo nos puede ayudar a comprender y a vivir las virtudes de la perseverancia y la paciencia en medio de la crisis.

## La oración de Pablo (Col 1:9-12 LBLA)

Por esta razón, también nosotros, desde el día que lo supimos, no hemos cesado de orar por vosotros y de rogar que seáis llenos del

---

1. Larry W. Hurtado, *Destructor de los dioses: El cristianismo en el mundo antiguo* (Salamanca: Sígueme, 2017), 49; "Paciencia", *Nuevo diccionario bíblico* (Buenos Aires: Certeza, 2000), 1016.

conocimiento de su voluntad en toda sabiduría y comprensión[2] espiritual, para que andéis como es digno del Señor, agradándole en todo, dando fruto en toda buena obra y creciendo en el conocimiento de Dios; fortalecidos con todo poder según la potencia de su gloria, para obtener toda perseverancia y paciencia, con gozo dando gracias al Padre que nos ha capacitado para compartir la herencia de los santos en luz.

## Sabiduría y comprensión espiritual

Enfoquémonos en dos aspectos de esta oración. Primero, es interesante notar el deseo del Apóstol de que los colosenses sean llenos «del conocimiento de su voluntad en toda sabiduría e inteligencia espiritual» (v. 9 RVC). Aquí «espiritual» es un adjetivo que se aplica tanto a «sabiduría» como a «comprensión» o «inteligencia». Por «sabiduría» se entiende la capacidad de acumular y entender principios bíblicos, y por «comprensión» la aplicación de estos principios en la vida diaria. El v. 10 nos muestra el propósito de esta petición: «... para que andéis como es digno del Señor».

Segundo, en el v. 11 Pablo pide que sean «fortalecidos con todo poder según la potencia de su gloria». Esta fortaleza es una característica de todo cristiano que se somete a la palabra de Dios estudiándola, entendiéndola y viviéndola a través de la guía del Espíritu Santo. Y, de igual manera, el Apóstol resalta el fin: «... para obtener toda perseverancia y paciencia», es decir, con el propósito de que ellos puedan *perseverar y ser pacientes*. Estos dos términos están relacionados y denotan la actitud que se debe tener durante las pruebas. «Paciencia» (en gr. *hypomone*) tiene que ver con *soportar circunstancias difíciles* y «perseverancia» (en gr. *makrothymia*) se aplica a la *paciencia que se debe tener con otras personas*, especialmente con las personas difíciles.

---

2.  En otras versiones, como la RVC, se usa la palabra «inteligencia».

Pablo nos da una gran lección. Aun preso (recordemos que probablemente él estaba en la prisión de Roma) y con cierto deterioro físico, el Apóstol no solo escribe con autoridad y aplomo sobre la perseverancia y la paciencia, sino que se toma el tiempo de orar por otros y crecer en el conocimiento de Dios y su voluntad. Definitivamente, esta confianza en medio del dolor y el sufrimiento solo se puede desarrollar conociendo a Dios y teniendo comunión con él.

Para poner esto en el contexto, nuestras restricciones hoy día son «parecidas» a las de un prisionero: quizás estamos en un espacio reducido, en contra de nuestra voluntad, haciendo lo mismo todos los días. Sin embargo, podremos atravesar esta crisis satisfactoriamente solo conociendo a Dios. Este tiempo lo podemos convertir en una oportunidad para conocer más al Señor a través de la oración y la lectura de su palabra y para fortalecer y practicar tanto la paciencia como la perseverancia.

## La virtud de la paciencia

Cipriano, obispo de Cartago en el 256 d. C., escribió uno de los tres tratados sobre la paciencia en los primeros siglos del cristianismo: *De bono patientiae* (*Sobre el bien de la paciencia*). Este, junto a los tratados de Tertuliano y Agustín, nos ayuda a entender no solo las difíciles circunstancias en las que vivía la iglesia de esos tiempos, sino que revela cómo la virtud de la paciencia jugó un papel determinante en los cristianos. A fin de que su pueblo manifestara un testimonio audaz y una fidelidad incomparable hacia Dios, Cipriano describe lo que una vida cristiana en medio de las pruebas debe reflejar:

Nosotros, queridísimos hermanos, somos filósofos no de palabras grandilocuentes, sino de hechos; profesamos la sabiduría no vistiéndonos con una capa, sino consiguiendo la realidad misma de las cosas; apreciamos más ser virtuosos (perseverantes y pacientes) que parecerlo; no hablamos de cosas grandes, sino que las ponemos en práctica.[3]

Como se puede observar, Cipriano relaciona la fe con la virtud de la paciencia, y dice que «cuando los cristianos la hacen visible y actúan conforme a esta virtud revelan al mundo la naturaleza de Dios». Nosotros, al igual que Cipriano, debemos decir: «En esta época de crisis, los cristianos no hablamos de cosas grandes (virtudes como la perseverancia y la paciencia), sino que las ponemos en práctica».[4]

Oremos para que seamos llenos del conocimiento de su voluntad en toda sabiduría y comprensión espiritual, para que andemos en todo tiempo como es digno del Señor. Aprovechemos este tiempo para crecer en el conocimiento de Dios y su voluntad. Oremos para que seamos fortalecidos con perseverancia y paciencia, porque esto demuestra la gloria de Dios.

John Piper dice: «Dios es más glorificado en nosotros, mientras más satisfechos estamos en Él». En estos días debemos ser luz para los demás y ejemplo de perseverancia y paciencia. Si estamos satisfechos en Dios, esta situación adversa que vivimos será de provecho. Como diría mi papá: «Paciencia es la combinación de paz y sabiduría, las cuales vienen de Jesucristo, nuestro sabio Príncipe de paz».

---

3. Alan Kreider, *La paciencia: El sorprendente fermento del cristianismo en el Impero romano* (Salamanca: Sígueme, 2017), 29.

4. Ibíd., 30.

**Mario Salvatierra** (Guatemala) es director del ministerio Fe Razonable en Guatemala. Tiene estudios en psicología educativa, teología y, además, está certificado en apologética por Reasonable Faith, RZIM Academy, Cross Examined y por la Sociedad de Apologistas Latinos (SAL Academy). Funge como líder en el área de enseñanza en la iglesia Sembradores de Vida.

# Fuerza de la palabra y fuerza de la creación: una perspectiva histórica del cristianismo ante la pandemia

«Cada uno ponga al servicio de los demás el don
que haya recibido, administrando fielmente
la gracia de Dios en sus diversas formas»
(1 P 4:10).

Todos los hombres, cristianos o no, participan en el movimiento del mundo, sin embargo, el cristianismo es una religión de la transfiguración del mundo.[1] Esto hace del cristianismo una religión cósmica y social, una religión del amor por Dios y por el hombre, de la promesa del Reino de Dios. Su fuerza en palabra y en creación emanan de Dios para el hombre y su creación.

## La fuerza de la palabra

Para algunos la religión es *inoperante* ante los desastres porque fracasa en su intento de ofrecer una explicación satisfactoria del *porqué* de las epidemias. Sin embargo, gran parte del movimiento cristiano a partir del siglo I presenta una riqueza extraordinaria en la

---

1. Nikolái Berdiáiev, *Contra la indignidad de los cristianos* (Salamanca: Sígueme, 2019), 70.

participación activa en la vida del mundo. «El cristianismo —dice Rodney Stark— tuvo la capacidad de explicar las epidemias de sus competidores en el mundo romano».[2]

En medio de una epidemia o pandemia las palabras a menudo tienen fuerza, la fuerza para dar vida o muerte a la sociedad. Por eso, las ideas son factores críticos en el camino de la historia. Mientras en medio de la epidemia los «paganos» huían de la ciudad y los filósofos se planteaban otras preguntas,[3] el cristianismo, por el contrario, mantenía su fe en las palabras de verdad.

Los modelos de creencia y de vida, por ejemplo, las exhortaciones cristianas, se fundaron, en general y de forma explícita, en creencias y afirmaciones teológicas, y la sólida base teológica de la conducta en los primeros textos cristianos constituyó un aspecto singular, en comparación con la mayoría de los textos filosóficos de la época.[4]

Así, en medio de las epidemias William H. McNeill decía sobre los cristianos:

> La ventaja de la que disfrutaron los cristianos sobre los paganos era que las *enseñanzas de su fe* hacían que sus vidas tuvieran un significado incluso más allá de una muerte repentina y sorprendente [...]. El cristianismo era, por tanto, *un sistema de pensamiento* y de sentimientos minuciosamente adaptado a tiempos turbulentos, en los cuales prevalecían las dificultades, las enfermedades y la muerte violenta.[5]

---

2. Rodney Stark, *La expansión del cristianismo: Un estudio sociológico* (Madrid: Trotta, 2009), 78.

3. Ibíd., 79.

4. Larry W. Hurtado, *Destructor de los dioses: El cristianismo en el mundo antiguo* (Salamanca: Sígueme, 2017), 220.

5. William H. McNeill, *Plagues and Peoples* (Garden City: Anchor Books,

En una época donde las religiones fueron cuestionadas «el cristianismo ofreció explicación y consuelo», mientras que los paganos y los filósofos de la época antropomorfizaron la sociedad y alegaron su senilidad.[6] Esto no significaba que los cristianos ignoraran la tasa de mortalidad, sino que veían la epidemia como una enseñanza y una prueba, de esa manera, basados en su fe, resultaba más llamativa. Así fue como el cristianismo proporcionó también un modo de actuar en medio de la enfermedad.[7]

## La fuerza de la creación

Aparte de la fuerza de la palabra, desde donde el cristianismo enfrentaba con esperanzas las epidemias, también reflejó la fuerza de la creación de parte de los cristianos locales. Stark recoge de Dionisio, alrededor del año 256, las siguientes ideas:

> La mayoría de los cristianos mostró un amor y lealtad ilimitados, sin mostrar jamás mezquindad, solo pensando en el prójimo. Despreocupados ante los peligros, se hicieron cargo de los enfermos, atendiendo a todas sus necesidades y sirviéndolos en Cristo, y con ellos partieron de esta vida serenamente felices.[8]

Mientras esto sucedía con los fieles cristianos, los paganos, según Dioniso, se comportaron de manera opuesta:

> En el comienzo de la enfermedad alejaron a los que sufrían y huyeron de su lado, arrojándolos a los caminos antes de que muriesen,

1998), 108. Énfasis mío.

6. Históricamente, escasean las palabras «epidemia» o «plagas» en los historiadores romanos, no así en los escritos cristianos. Stark, *La expansión del cristianismo*, 75, 81.

7. Ibíd., 80.

8. Ibíd., 81.

tratando a los cadáveres como basura, esperando de este modo evitar la expansión y el contagio de la fatal enfermedad.[9]

Es evidente que este comportamiento era reflejo de la fuerza de la fe de los cristianos. Estos reconocían que el acto de caridad a partir del Dios de amor se debía de ejercer en el comportamiento diario. Lecturas como Mt 25:35-40 se percibían como una nueva moral en tiempos de epidemia:

> Porque tuve hambre y me disteis de comer, tuve sed y me disteis de beber, era forastero y me acogisteis, anduve desnudo y me vestisteis, estuve enfermo y me confortasteis, estuve en la cárcel y me visitasteis [...]. En verdad os digo que todo cuanto hicisteis con el más pequeño de mis hermanos, a mí me lo hicisteis.

No era que los romanos no supieran nada de caridad, sino que esta no se fundaba en el servicio a los dioses. «Las divinidades paganas no castigaban las violaciones éticas puesto que no imponían demandas éticas: los humanos solo ofendían a los dioses mediante el desprecio o la violación de las normas rituales».[10] En tanto que, para el cristianismo, «el Reino de Dios se realizaba en la eternidad y en todo momento de la vida, con independencia de si se sabe en qué medida el poder del mal triunfa extraordinariamente».

El resultado de la fe cristiana en práctica a partir del siglo I supo ofrecer tres ideas generales: 1) proveyó una explicación mucho más satisfactoria de por qué había caído sobre la humanidad los estragos de la epidemia; 2) los valores del amor y la caridad se tradujeron en normas de servicio social y de solidaridad comunitaria; 3) pasada

---

9. Ibíd., 82.

10. R. MacMullen, *Paganism in the Roman Empire* (New Haven: Yale University Press, 1981), 58; Stark, *La expansión del cristianismo*, 86.

la epidemia, los lazos interpersonales de los cristianos en el mundo romano resultaron como una orden moral nueva.[11]

La fuerza de la palabra cristiana sigue presente en la pandemia que se atraviesa hoy en el mismo barco. El filósofo ateo Slavoj Žižek, en su libro *Pandemia*, reconoce que Cristo está allí siempre donde haya amor entre los creyentes.[12] Y no solo eso, cuando Žižek habla de las infecciones buenas y malas dice que «el cristianismo mismo es una buena infección».[13]

El reconocimiento de esta fuerza de la palabra cristiana de parte del filósofo esloveno significa que la verdad cristiana tiene la fuerza de permanecer en la razón del mundo y ser relevante en medio de esta pandemia. Siendo así, el deber cristiano consiste en dedicar toda la voluntad y toda la vida al triunfo de las fuerzas del bien y a la verdad de Cristo en todas las circunstancias de la vida y en todas partes.

---

**Walfre N. García** (Guatemala) es licenciado y magíster en Teología por el Seminario Teológico Centroamericano. Es maestro de diversas materias de teología y Biblia en dicha institución.

---

11. Cf. Stark, *La expansión del cristianismo*, 73-91.

12. Slavoj Žižek, *Pandemia: El covid-19 sacude el mundo*, 7. Versión digital en https://dialektika.org/wp-content/uploads/2020/04/Pandemia-Slavoj-Zizek-.pdf (mayo 2020).

13. Ibíd., 50.

*Capítulo 9*

# El accionar de los primeros cristianos frente a una crisis sanitaria

Traídos súbitamente por el COVID-19, el miedo existencial y el miedo a la muerte inevitable e inescrutable hicieron acto de presencia en el mundo entero. Por si esto fuera poco, el infinitesimal e invisible agente infeccioso que nos asedia, sin hacer distinción de clases ni obviar estamento alguno, nos mandó a todos al confinamiento. Nadie contaba con el equipamiento psicológico y cultural necesario para hacer frente a la actual crisis. Incluso los autodenominados apóstoles y profetas, con todo y su desvergonzado vedetismo, fueron víctimas del estupor provocado por la pandemia del coronavirus. Aunque siendo honestos, casi a todos los cristianos nos tomó por sorpresa esta situación tan inédita. Así es que vale la pena que nos preguntemos: ¿cómo actúa un discípulo de Jesús ante una crisis como la del coronavirus?

Considerar la manera como las primigenias generaciones de cristianos manejaron las plagas del pasado puede ser altamente provechoso. Especialmente porque, por insólito e inverosímil que nos parezca el estado en el que nos encontramos, en realidad, no es la primera vez que la iglesia enfrenta un período de incertidumbre y zozobra debido a una crisis sanitaria. Al hurgar en el acervo histórico del cristianismo, especialmente el período de los Padres de la Iglesia del segundo y tercer siglo, nos percatamos que los cristianos ya pasaron por desafíos sanitarios de gran envergadura. La primera gran pandemia que los puso a prueba fue la peste antonina. Esta llegó durante el reinado de Marco Aurelio. Comenzó en el 165 d. C. y duró 15 años. Se estima que entre un tercio o un cuarto de la población del Imperio romano murió a causa de esta enfermedad. Como sucede con el COVID-19, la peste antonina atacó a grandes y pequeños, ricos y pobres, hombres y mujeres.

Según relata el mismo Marco Aurelio, en los días más tristes y sombríos de la epidemia, «caravanas de carros y carretas transportaban a los muertos». El propio emperador fue víctima de la peste y se unió a las bajas en Viena en el 180 d. C. En una sociedad en la que imperaba en medio de la calamidad el «sálvese quien pueda» (tal y como lo muestra la reacción que tuvo el médico Galeno, quien, en vez de ejercer su profesión varonilmente y así socorrer a los enfermos, huyó de Roma para resguardar su vida en Asia Menor), los seguidores de Jesús llevaron a cabo sorprendentes actos de amor y de servicio a favor de los enfermos. No les importó poner en riesgo sus vidas con tal de acompañar y ayudar a los desvalidos.

Entre los años 250 y 262 d. C. otra peste sacudió aún más al Imperio romano. Conocida como la «epidemia de Cipriano», esta enfermedad, que según los estudiosos se trataba de algún tipo de ébola, acabó con la vida de millones en todo el Imperio. Ante este nuevo desafío, los cristianos no dieron lugar al ostracismo. Con total entereza no solo ofrecieron buenos sermones, también brindaron apoyo y ayuda concreta a los más necesitados. En su mensaje de Pascua del año 260 d. C., el obispo Dionisio de Alejandría (190-264) informa del noble accionar cristiano:

[L]a mayoría de nuestros hermanos, por exceso de su amor y de su afecto fraterno, olvidándose de sí mismos y unidos unos con otros, visitaban sin precaución a los enfermos, les servían con abundancia, los cuidaban en Cristo y hasta morían contentísimos con ellos, contagiados por el mal de los otros, atrayendo sobre sí la enfermedad del prójimo y asumiendo voluntariamente sus dolores. Y muchos que curaron y fortalecieron a otros, murieron ellos, trasladando a sí mismos la muerte de aquéllos y convirtiendo entonces en realidad el dicho popular, que siempre parecía de mera cortesía: «Despidiéndose de ellos humildes servidores». En todo caso, los mejores de nuestros hermanos partieron de la vida de este modo, presbíteros —algunos—, diáconos y laicos, todos muy alabados, ya que este género de muerte, por la mucha piedad y fe robusta que entraña, en nada parece ser inferior incluso al martirio (Eusebio, *Historia eclesiástica*, VI 7-8).

Los creyentes de Cartago tuvieron el mismo proceder loable de los alejandrinos. Según lo narra el obispo Cipriano (210-258): «[L]os sanos cuidaban de los enfermos, los parientes atendían amorosamente a sus familiares tal y como debían, los amos mostraban compasión hacia sus siervos enfermos, los médicos tampoco abandonaron a los enfermos». En pocas palabras, agrega Cipriano: «Estamos aprendiendo a no temer a la muerte» (Cipriano, *Mortality* 16. FC 36). Esto no pasó desapercibido a ojos de los paganos, especialmente porque su comportamiento era diametralmente opuesto al de los cristianos. Según Dionisio, los paganos «incluso apartaban a los que empezaban a enfermar y rehuían hasta a los más queridos, y arrojaban a moribundos a las calles y cadáveres insepultos a la basura, intentando evitar el contagio y compañía de la muerte» (Eusebio, *Historia eclesiástica*, VI 8). En cuanto a la contrariedad del proceder de los cristianos y paganos, Tertuliano comentó: «La práctica de un amor tan especial nos marca a los ojos de algunos. Mira, dicen, cómo se aman; (porque ellos se odian), y qué tan listos están para morir el uno por el otro (porque ellos mismos estarían más dispuestos a matarse entre ellos)» (Tertuliano, *Apology* 39. FC 10).

Parece que también en Cartago, como ahora, habían feligreses reacios a aceptar que la enfermedad afectara a cristianos como a paganos. La respuesta que el obispo Cipriano da ante este escollo es pertinente y acertada para nuestro contexto:

Ahora preocupa a algunos que esta enfermedad ataque a nuestra gente por igual con los paganos, como si el cristiano creyera [...] que podría disfrutar del mundo y esta vida libre del contacto de los males; y no como alguien que sufre todas las cosas adversas aquí y que está reservado para la alegría futura. A algunos les molesta que esta mortalidad sea común a nosotros con otros; y, sin embargo, ¿qué hay en este mundo que no sea común para nosotros con los demás, siempre y cuando esta carne nuestra siga siendo, de acuerdo con la ley de nuestro primer nacimiento, común para nosotros con ellos? Mientras estemos aquí en el mundo, estamos asociados con la raza humana en igualdad carnal, aunque estamos separados en espíritu. Por lo tanto, hasta que este corruptible se vista de incorrupción, y este mortal reciba la inmortalidad, y el Espíritu nos guíe a Dios Padre, cualesquiera que sean las desventajas de la carne son comunes para nosotros con el resto de la raza humana (Cipriano, *Mortality* 8. FC 36).

Para Cipriano estaba claro que el discípulo de Jesucristo no tiene por qué sentirse mejor que los demás o, en el peor de los casos, merecedor de ciertos privilegios. Según Cipriano, tampoco se debía temer a la adversidad, al sufrimiento e incluso a la muerte, sino ver todo eso como un medio para nutrir la fe y, en última instancia, como una puerta de entrada a la salvación. «Esta es, en resumen, la diferencia entre nosotros y los que no conocen a Dios, que en la desgracia ellos se quejan y murmuran, mientras que para nosotros el infortunio no nos aleja de la verdad de la virtud y la fe, sino que nos fortalece con su sufrimiento» (Cipriano, *Mortality* 8. FC 36).

Es insoslayable concluir que en el período patrístico del segundo y tercer siglo se aprecia una vívida aplicación de las enseñanzas que dio Jesús sobre el amor al prójimo. La respuesta que los cristianos de esa época dieron ante las plagas y las pestes, indudablemente, estaba fundamentada en las instrucciones de Jesucristo: «Haz a los demás todo lo que quieras que te hagan a ti» (Mt 7:12a NTV); «Ama a tu prójimo como a ti mismo» (Mt 22:39b NTV); «El amor más grande que uno puede tener es dar su vida por sus amigos» (Jn 15:13 DHH). Por utópico que esto parezca, el accionar de las primeras generaciones de cristianos refleja la convicción de que la ética cristiana, en tiempos de calamidad, consiste en considerar la propia vida como menos importante que la de nuestro prójimo. Su manera de demostrar el amor que tenían hacia Dios era amando al prójimo. Y tenían razón. Porque como dijo el teólogo francés Louis Schweitzer: «Todo amor a Dios, por místico que sea, es hueco, vacío y, sobre todo, sospechoso si no está encarnado y no se materializa en el amor concreto de hermanos y hermanas». La piedad y la ética, agrega Schweitzer, «se mantienen unidas, y esto es lo que explica por qué los grandes avivamientos fueron el origen de las principales obras sociales de las Iglesias».

Al considerar la manera como los seguidores de Jesús respondieron a las crisis que asolaban sus ciudades en los siglos II y III, valdría la pena reflexionar sobre nuestro propio proceder ante la crisis del coronavirus. ¿Reflejamos la ética cristiana que nos modelaron los antiguos cristianos o reflejamos más bien el «sálvese quien pueda» de los antiguos paganos? Que el Altísimo nos ayude a parecernos más a Cristo (Fil 2:3-8) en todo momento, ya sea en tiempos de bonanza o en períodos de calamidad.

**Evis Girón** (Guatemala-Francia) es licenciado y magíster en Teología por el Seminario Teológico Centroamericano. Ha enseñado en institutos bíblicos y seminarios de Guatemala, EE. UU. y África. Es el fundador del Instituto Bíblico el Edén en Guatemala. Actualmente es misionero en Francia y uno de los pastores de la iglesia *Une famille qui grandit* en la región parisina.

# Capítulo 10

# Fe expresada en la generosidad

Las Sagradas Escrituras hablan de formas distintas a cada generación. Cada momento trae problemas distintos, y personas distintas buscan en la revelación de Dios respuestas a los diversos problemas que les toca vivir. Esta generación, debido a los cambios drásticos en la forma de vivir, está aprendiendo a leer e interpretar pasajes conocidos de forma creativa y diferente.

## ¿Qué estamos viviendo?

Donde antes existía estabilidad laboral y financiera, ahora existe incertidumbre respecto al porvenir; de una vida estable y relativamente segura, ahora estamos dando un salto súbito a la realidad de nuestra fragilidad. El ser humano, ante eventos así, tratará de proteger escrupulosamente sus ingresos y sus bienes, y quizás aquellos que tienen el lujo de tener ciertos excedentes en sus ingresos serán más cuidadosos y exactos en su administración.

Junto a la inestabilidad económica, también se ha hecho más patente la vulnerabiliad y necesidad, tanto económica como espiritual, que viven miles de personas. Producto de la presente crisis, muchos contratos laborales han quedado suspendidos, los recortes de personal son inevitables y el comercio y el intercambio de bienes se vuelve más difícil. Y al observar esta trágica situación, el cristiano siente la responsabilidad de cuidar a su hermano; su corazón se quiere volcar en solidaridad, pero su mente llama al ahorro, a la planificación del porvenir y a la administración de sus bienes.

## La luz de la Escritura

En las Sagradas Escrituras encontramos relatos que nos pueden arrojar luz sobre este dilema. El ejemplo que queremos resaltar se encuentra en 1 R 17, el cual podemos leer con los lentes de nuestra situación.

Producto de la maldad e idolatría del reino de Israel, Elías proclama sequía indefinida como castigo divino. Inmediatamente, Dios envía entonces al profeta al torrente de Carit,[1] donde cuervos lo alimentan y encuentra agua abundante. Sin embargo, irónicamente, dicho torrente se seca y Elías vuelve a recibir instrucciones de parte de Dios, quien lo envía a Sarepta. Este lugar se encontraba fuera de la zona tradicional del reino de Israel —en lo que se conocía como Fenicia—, y sus pobladores eran en su gran mayoría paganos, aunque es probable que algunos conocían algo del Dios de Israel. Será en ese lugar donde Dios mandará a una viuda para darle comida al afligido profeta.

Este es el primero de los puntos extraños e intrigantes. Las viudas en esa época, en una sociedad primordialmente agrícola, tenían pocas probabilidades de arreglárselas por sí solas y, por lo tanto, sufrían bastante para sobrevivir. Ejemplos de dicha situación es el caso de Rut, Noemí o la viuda que le pide ayuda a Eliseo en 2 R 4. No obstante, ante el aparente mandato ilógico del Señor, Elías obedeció y se fue a Sarepta.

---

1. Las citas bíblicas y, por lo tanto, la grafía de ciertos nombres están tomadas de la Biblia del Peregrino, traducción de Luis Alonso Schökel.

Al llegar a las afueras del pueblo, el profeta vio a una viuda recogiendo leña. De acuerdo con lo que se puede observar en el v. 14, la sequía había llegado hasta ahí. Elías le pidió entonces de beber y ella accedió; pero cuando este le pide también de comer, ella le hace saber su trágica situación: «¡Por la vida del Señor, tu Dios! No tengo pan;… voy a hacer un pan para mí y mi hijo, nos lo comeremos y luego moriremos (v. 12).

La respuesta de Elías es bastante intrigante, incluso se antoja egoísta: «… primero prepárame a mí un panecillo y tráemelo; para ti y tu hijo lo harás después» (v. 13). Pero en esta aparente contradicción y solicitud extraña se esconde una gran verdad: ella debía reconocer al Dios de Israel en este acto de fe. Luis Alonso Shökel menciona al respecto: «Elías exige un acto de caridad extraordinario unido a un acto de fe en su palabra; tiene que reconocer a Elías como hombre de Dios, y al Dios de Israel como verdadero Señor de la lluvia».[2] En la generosidad y dádiva desesperada de la viuda, Dios deseaba que ella reconociera su confianza en la provisión total del Señor, quien supliría sus necesidades, y su completo dominio sobre toda situación.

La viuda obedeció. El versículo que relata el milagro resume con poquísimas palabras el enorme acontecimiento: ¡Hubo provisión en abundancia! La viuda mostró su fe en la provisión futura de Dios y el Señor cumplió su promesa, su palabra.

## A la luz de nuestra situación

Hoy la iglesia de Dios se enfrenta no con una sequía, sino con una pandemia. Y hay que recordar que el Dios que envió sequías también es el Dios que envió pestes en Egipto. La iglesia ha sido llamada a

---

2. Luis Alonso Schökel, *Biblia del Peregrino* (Bilbao: EGA-Mensajero, 1995), 550.

reconocer a Yahvé como el Dios que controla también las plagas: el Yo soy. Ahora bien, ese reconocimiento se antoja fácil cuando se resume en un mero asentimiento a la veracidad del enunciado: una confesión verbal. Pero cuando ese reconocimiento se acompaña de actos de generosidad, los cuales pueden desafiar nuestro racionamiento de los recursos que poseemos,  la fe cobra un sentido muy diferente.

Es evidente que el tema del dinero ha sido y sigue siendo delicado, tanto por aquellos que abusan de la generosidad de la iglesia como por aquellos que obligan a seguir formalismos y reglas específicas en cuanto al manejo del dinero y ofrendas. Pero lo que sí es cierto es que tanto el Antiguo como el Nuevo Testamento muestran que las ofrendas son un acto de fe (por ejemplo, la generosidad descrita en Hechos). Son muestra visible de la fe en el Dios de las tormentas y la bonanza. Son muestra visible de que en medio de la incertidumbre confiamos en que él sigue siendo Dios. Son muestra de que nuestro amor al Señor va íntimamente relacionado con el amor hacia nuestros semejantes. Obviamente, esto no es un llamado a la irresponsabilidad. No es así. Es un llamado a redescubrir que la fe en Dios expresada en la generosidad es parte integral de la confesión de dicha fe. Cada quien debe dar «lo que en conciencia se ha propuesto, no a disgusto ni a la fuerza, que Dios ama al que goza dándolo» (2 Co 9:7). ¡Qué gran testimonio para el mundo entero de nuestra fe en Dios que en esta época de incertidumbre sobreabunde nuestra generosidad!

He crecido escuchando la siguiente frase: «Dios, provee a aquellos que no tienen que comer». Tal vez sea momento de pedir de manera distinta: «Dios, *ayúdanos a proveer* a aquellos que no tienen que comer». El Señor Jesús le dijo a sus discípulos: «... dadles vosotros de comer» (Mt 14:16).

---

**David López** (México) es licenciado en Teología por el Seminario Teológico Centroamericano, magíster en Historia por la Universidad Francisco Marroquín y traductor jurado avalado por el Ministerio de Educación de Guatemala. Es pastor de jóvenes en la iglesia Centro Bíblico El Camino.

Doctor Schnabel (médico de la peste), a. 1656

*Capítulo 11*

# La iglesia en tiempos de cuarentena

Es sumamente curioso que la Cuaresma —tiempo litúrgico en algunas Iglesias cristianas— haya coincidido con la cuarentena —aislamiento preventivo por razones sanitarias— ocasionada por la COVID-19 o la enfermedad del coronavirus. Algunos dirán que se trata de un hecho divino deliberado y otros argumentarán que es mera coincidencia curiosa. Yo, realmente, no tengo una respuesta evidente o axiomática a dicha cuestión. Lo que sí es «obvio» es que este tiempo llegó sin anuncio, nadie lo esperaba ni imaginaba, y exige de nosotros una reacción y reflexión cristiana.[1] ¿Qué puede pensar o hacer la iglesia en tiempos de cuarentena? Ya que estas circunstancias parecen apocalípticas, reflexionemos en el Apocalipsis, libro profético (en el sentido bíblico) y, sobre todo, pastoral. Hagámoslo de forma creativa en 8:1-5: pensaremos en tres actos, tipo una obra de teatro, y después diremos algunas reflexiones finales.[2]

**Primer acto: silencio**

Algunos intérpretes han notado lo «ruidoso» que es el libro de

---

1. En esta misma línea, véase el excelente artículo de Carroll Rios de Rodríguez, "«Cuarentena» en cuaresma", blog Fe y Libertad, 16 de marzo de 2020, https://feylibertad.org/cuarentena-en-cuaresma/

2. La siguiente reflexión está tomada e inspirada en el análisis bíblico-teológico del Dr. Juan Stam.

Apocalipsis (por ejemplo, 1:10; 4:5; 5:2, 11-13; 6:1, 3, 5, 7, 10, 12; 7:2, 10, etc.). Sin embargo, cuando el Cordero rompe el séptimo sello lo que ocurre es inesperado: «... *hubo silencio* en el cielo como por media hora». La apertura de los sellos que empezó en 6:1 se fue intensificando de tal manera que era natural esperar hechos más dramáticos y ruidosos que los de 6:12-17. Pero no fue así. La acción y el ruido se paralizaron casi completamente. De hecho, la entrega de las siete trompetas y de las oraciones se hace en total silencio. Se trata de un «silencio lleno de oración».[3]

## Segundo acto: oración y buen olor

Lo que ocurre en silencio (8:3-5) tiene que ver con la presentación de «las oraciones de todo el pueblo de Dios». En medio de los siete ángeles, conocidos comúnmente como los siete arcángeles, aparece «otro ángel» (8:3) que se convierte en el personaje central de este drama celestial. Este cambio de «foco» no se debe a alguna autoridad especial o propia del ángel anónimo —como ocurre en el cap. 5 con el Cordero—, sino a la presentación de nuestras oraciones, las cuales están representadas en el incienso (cf. Sal 141:2; Lc 1:10; Ap 5:8). Algunas tradiciones rabínicas mencionan que un ángel espera en las ventanas inferiores de los cielos para recibir las oraciones de los fieles y llevarlas ante Dios.

El incienso como olor que agrada a Dios es señal de aceptación (cf. Gn 8:21),[4] y en este pasaje no queda la menor duda del recibimiento de nuestras oraciones como olor grato al Señor.

---

3. El texto está lleno de detalles interesantes y significativos (por ejemplo, la media hora de silencio, las trompetas, la función de los ángeles, el incienso, etc.), los cuales, por cuestión de espacio, no podemos abordar.

4. En Isaías 1:13 se menciona que el incienso ofrecido es una «abominación» para Yahvé, pero en 1:15 se aclara el porqué.

## Tercer acto: silencio ante las oraciones

Tenemos una escena maravillosa cuando unimos los dos actos anteriores: el silencio impuesto en el templo celestial (cf. Heb 8:5), donde hay alabanza día y noche (Ap 4:8), es debido a las oraciones del pueblo de Dios. Hay una tradición rabínica que menciona que los ángeles cantan alabanzas de noche, pero se callan de día para que las oraciones de Israel se escuchen. De igual forma, otra tradición judía dice que cuando Israel pronuncia una de sus plegarias principales, el *shemá*, los ángeles se callan hasta que se complete la adoración de Israel. Es decir, las necesidades de los santos son más importantes para Dios que toda la salmodia del cielo, como bien decía R. H. Charles.

## Reflexiones finales del «teodrama»

La historia se puede interpretar como un «teodrama» («drama» como representación en curso de una acción en el contexto de un teatro), donde Dios y la humanidad se alternan como actor y auditorio (Vanhoozer). En los tres actos pasados estuvimos como auditorio, pero ahora nos toca reflexionar y actuar como actores guiados por el director divino: el Espíritu Santo.

El silencio de Ap 8:1-5 es bastante curioso, sobre todo en un libro que mantiene cierta tensión creciente y crea una expectativa sobre el desenlace final. En medio de todo el drama cósmico, Dios para y silencia todo para oler las oraciones de su pueblo. Esta conducta no es nueva, porque al séptimo día de haber levantado el escenario en Génesis «Dios descansó» (Gn 2:2). La «actuación» de Dios, el actor principal, nos invita a adquirir la perspectiva de Dios. El descanso y el silencio también son parte fundamental de nuestra adoración. De hecho, esta tensión debe caracterizar toda la vida cristiana: quien no vive su fe, no la ha comprendido; pero quien no comprende su fe, no la puede vivir adecuadamente. Juan Stam lo dice de forma más clara: «Sin descansos para orar y reflexionar, la acción se vuelve irreflexiva e ineficaz; sin la práctica de la fe, la meditación es estéril y el descanso termina en letargo y entropía». Si Dios puede parar para escucharnos, ¿nosotros podremos hacer lo mismo para escuchar la voz de Dios en medio de esta difícil situación?

Este tiempo de cuarentena es una oportunidad para detenernos y escuchar en el silencio la voluntad de Dios. Quizás nuestros cultos y actividades han ahogado con sus celebraciones de «adoración» el «suave murmullo» de la manifestación de Dios (1 R 19:12) o la voz del silencio divino. Es cierto que nuestros servicios son el reflejo de una auténtica adoración, pero debemos de cuidar que este «ruido» no nos impida escuchar a Dios. En este tiempo de «silencio» eclesial (fuera de los templos y sin servicios) tenemos que aprender a callarnos ante el Señor (Hab 2:20; Zac 2:13), a estar quietos y reconocer que Dios es Dios (Sal 46:10) y a guardar silencio ante el Señor y esperar en él con paciencia (Sal 37:7).

Pero, como se dijo anteriormente, el silencio se debe a la llegada de nuestras oraciones. Las oraciones son tan importantes que el culto en el templo celestial tiene que cesar. ¡Qué manera de describir el valor de las oraciones y de la intercesión! ¿Cuántas veces al orar hemos pensado si en verdad importa o si Dios realmente escucha? Bueno, no solo escucha las súplicas, sino que el cielo se calla y se llena de un olor que agrada a Dios.

Amigos y hermanos, aun en medio de esta situación que nos aflige y preocupa, Dios sigue siendo soberano, todopoderoso y totalmente bueno. «El mundo está seguro en las manos de Dios, y no se desintegrará simplemente porque hagamos una pausa» —dice Esteban Voth. Tenemos tanta información y noticias sobre esta pandemia que terminamos abrumados y angustiados. Sin embargo, podemos parar, guardar silencio y confiar en aquel que hace nuevas todas las cosas.

Ojalá que nuestro silencio (voluntario o forzado) se llene de oración, y que estas súplicas sean el reflejo de la confianza que tenemos los cristianos en el Dios que enjugará las lágrimas de todo rostro, es decir, el Dios de Jesucristo.

---

**Josué Estrada** (México) es profesor en Estudios Teológicos por el Seminario Teológico Centroamericano, licenciado en Administración de Empresas y cuenta con una diplomatura en Filosofía Medieval por la UNSTA. Está terminando su maestría en Teología y es el editor del Instituto CRUX.

*Capítulo 12*

# ¿Reinventar la iglesia después de la pandemia?

La pandemia del coronavirus ha venido a trastornar todo, incluyendo las iglesias. Prácticamente todo aquello que era cotidiano y normal ya no lo es. Todas las iglesias locales han tenido que hacer ajustes importantes en la manera que hacen las cosas hoy. Los templos están vacíos, los equipos de sonido (algunos de ellos sofisticados) están sin uso. Los programas y proyectos están en suspenso. Los ministerios tradicionales, en muchos casos, no se están realizando. Los cultos y estudios bíblicos son virtuales. ¡Hasta la santa cena se ministra virtualmente! ¿Quién iba a pensar que el concepto teológico del «sacerdocio universal del creyente» se practicaría de forma tan natural con padres de familia ministrando la cena del Señor en cada hogar? ¿Se necesitan templos para ser iglesia? ¿Se necesitan cultos presenciales para ser iglesia? ¿Qué significa congregarse hoy? ¿Se necesita que un pastor «consagre físicamente» los elementos para que haya auténtica santa cena? Estas y muchas otras preguntas surgen y surgirán a medida que regresemos a la «normalidad». Cuando esta crisis pase, ¿volveremos a hacer más de lo mismo? ¿Estaremos frente a la gran oportunidad de reinventar a la iglesia para los nuevos tiempos y las nuevas generaciones? Los invito a reflexionar sobre una nueva iglesia.

## Un poco de historia

Estamos tan acostumbrados a ver la iglesia como la conocemos hoy que no pensamos en cómo ha sido esta a lo largo de la historia. ¿Ha habido cambios en la iglesia antes? La iglesia tal y como la conocemos hoy no es la misma que conocieron nuestros abuelos, por ejemplo. Mucho menos se parece a la iglesia de tiempos de la reforma protestante o de los primeros siglos de la era cristiana. Lo que quiero decir es que la iglesia ha experimentado cambios a lo largo de la historia. Algunos cambios son de liturgia, otros de organización y gobierno, otros de ministerios y las formas de desarrollarlos. Casi siempre esos cambios han surgido por causa de alguna situación crítica que se ha vivido, como discrepancias internas o influencias externas.

El cambio más importante en los primeros siglos fue la institucionalización de la iglesia a partir del siglo IV de la era cristiana. Este cambio se fue dando poco a poco con el paso del tiempo hasta llegar en la Edad Media a la organización de la Iglesia católica romana (ICR). Mucho se ha discutido sobre si ese proceso de institucionalización fue necesario e inevitable. Podemos decir que sí, hasta cierto punto. Hay una necesidad natural de organización en cada cosa que los seres humanos hacen, y la iglesia no es la excepción. Pero sucedieron dos cosas con la ICR: 1) se argumentó bíblicamente la particular organización y 2) se absolutizó al grado que se llegó a sacralizar la institución misma. Esa visión, con sus variantes, sigue presente en prácticamente todas las iglesias. Las iglesias locales están institucionalizadas, las denominaciones también, las iglesias independientes, las pequeñas, las grandes y las megas. Hemos hecho algo similar a la ICR en menor escala al prácticamente sacralizar nuestras instituciones.

Algo de libertad y versatilidad surgió a partir de la reforma protestante del siglo XVI, porque las iglesias no se organizaron exactamente de la misma manera. Hubo variedad de organización eclesiástica. Desde entonces se habla de los diferentes sistemas de gobierno de la iglesia (jerárquico o episcopal, presbiteriano y congregacional). También hubo más variedad en las formas litúrgicas, en el desarrollo de los ministerios y en otras prácticas.

Lo que se vive actualmente nos ha mostrado que las formas antiguas y clásicas no son tan sagradas después de todo. Hemos visto que hay espacio para nuevas formas. Es cierto que todo esto se ha hecho a la fuerza. Muy pocas iglesias estaban avanzando en la dirección en que estamos ahora, con actividades virtuales, pero prácticamente casi todas están allí lo quieran o no. ¿Es esto un cambio temporal, mientras dura la crisis? ¿Se trata de cambios más permanentes que debemos considerar seriamente? ¿Es posible ser iglesia de otra manera, distinta a la que hemos tenido hasta ahora? Estamos tan acostumbrados a ser iglesia de la manera tradicional que no se nos ocurre que hay otras maneras, y no hablo solamente de lo virtual.

## Un poco de Biblia

Después de un panorama histórico nos hace falta un panorama bíblico. Prácticamente todas las iglesias se apoyan en las Escrituras para establecer y defender sus propios sistemas de gobierno, su liturgia, sus prácticas ministeriales y demás asuntos eclesiásticos. Sin embargo, si le damos un vistazo más profundo y objetivo a la Biblia notaremos que ella no enseña exactamente lo mismo que tenemos y practicamos. ¿Los sistemas de gobierno eclesiástico que hoy tenemos están en la Biblia? Bueno, no exactamente. Lo que tenemos son principios y normas que han sido interpretados y aplicados de maneras diversas a lo largo de la historia. La Biblia está más interesada en el perfil del líder y no tanto en la estructura donde funciona. Parece que las estructuras no están prefijadas en las Escrituras. En el tema de la liturgia, ¿cuál es la liturgia «bíblica»? ¿La del piano y el órgano o la de la guitarra y la batería? ¿La de himnos clásicos o la de cantos contemporáneos? ¿La elaborada profesional y sofisticadamente o la sencilla y espontánea?

Los pocos pasajes bíblicos que hablan de liturgia o del culto público ponen énfasis en los elementos que no deben faltar. 1 Tesalonicenses 5:16-21 señala asuntos como la actitud de gozo, la oración constante, la acción de gracias (posiblemente testimonios públicos), dar libertad al Espíritu Santo, apreciar las profecías (mensaje de Dios) y criterio para evaluar. En 1 Co 14:26 se mencionan otros elementos como salmos (cánticos), enseñanza y otros más. En ninguna parte hay instrucciones específicas sobre las formas de realizar el culto público. Hoy estamos acostumbrados a hacer «bulla», es decir, tener cultos públicos con equipos de sonido que intensifican los sonidos. Pero al comienzo los cultos tenían que ser más bien discretos y muchas veces a escondidas para no delatarse por causa de la persecución.

En Jn 4:23-24 Jesús enseña sobre la adoración en su diálogo con la mujer samaritana. Él dice que los verdaderos adoradores adorarán en espíritu y en verdad. Aquí resalta la actitud más que las formas. ¿En cuáles de nuestras formas de culto y liturgia hay más actitud de espíritu y verdad? ¿En los cultos muy elaborados y hasta espectaculares? ¿En los cultos más discretos y sencillos? ¿En los conciertos virtuales que hoy abundan? ¿En la alabanza virtual de estos días?

## Un poco de actualidad

¿Cómo ser iglesia en tiempos de pandemia? Obligadamente las iglesias se han visto en la necesidad de hacer cosas diferentes y seguir siendo iglesia. Hoy más que antes se ha hecho énfasis en que la iglesia somos nosotros, las personas, no los edificios, ni los  programas, ni las actividades. Estamos siendo iglesia de manera diferente a como lo hacíamos hasta hace unos cuantos meses.

Yo he venido hablando de que es posible ser iglesia de maneras diferentes en estos tiempos posmodernos con las nuevas generaciones, pero la pandemia nos ha obligado a hacerlo sin pensarlo mucho. Cuando decimos que debemos congregarnos como manda la Biblia, ¿se refería a los cultos públicos dentro de los templos? ¡Ni siquiera había templos cuando se escribió eso en Heb 10:25! ¿Qué significa congregarnos hoy? ¿Debemos contextualizar ese texto y decir: «No dejando de conectarnos, como algunos tienen por costumbre»? ¿Están congregadas físicamente las familias cuando se conectan frente a una pantalla para ver y escuchar el culto? ¿Estaremos congregados cuando después de la pandemia todos queramos reunirnos como amigos, como familias, como compañeros de trabajo en algún lugar público como un restaurante para reconectarnos como personas? Y si seguimos congregándonos así, ¿seguiríamos siendo iglesia?

Las formas de ser iglesia en el futuro cercano van a ser tan diversas que quizá ni nos reconozcamos, pero seguiremos siendo iglesia. Creo que debemos abrirnos a nuevas formas y estar atentos a lo que el Señor nos guíe a hacer, aunque no encaje dentro de nuestras estructuras establecidas. No olvidemos que para el creyente el futuro siempre es mejor.

---

**David Suazo J.** (Guatemala) es doctor en Educación Teológica por el Seminario Teológico Centroamericano, licenciado y magíster en Teología por la misma institución y magíster en Teología Histórica por el Seminario Teológico de Dallas. Es miembro de la FTL a nivel continental, de la comisión teológica de la Alianza Evangélica Mundial, del Comité Académico del Instituto CRUX y panelista del programa *Fe y actualidad*. Es uno de los fundadores de la Sociedad Evangélica de Estudios Socio-Religiosos de Guatemala (SEES) y autor del libro *La función profética de la educación teológica evangélica en América Latina* por editorial CLIE.

*Capítulo 13*

# ¿Estamos viviendo los últimos tiempos?

La pandemia del coronavirus que se vive actualmente a nivel mundial ha causado mucho temor e incertidumbre en la humanidad en general y entre los cristianos en particular. Muchos creyentes se preguntan si esta pandemia es una señal del fin del mundo como se describe en el libro de Apocalipsis. Se habla mucho hoy del juicio de Dios, de un  nuevo orden mundial, del surgimiento de nuevos anticristos y de una buena cantidad de teorías de conspiración. ¿Será China culpable de todo esto? ¿Qué busca o cuál es su objetivo? ¿Será Trump? ¿Será Putin? ¿Será Bill Gates? ¿Serán los ecologistas? ¿Serán los extraterrestres? Muchos también caen en la tentación de difundir cualquier nueva idea y se multiplican los temores, las sospechas y las incertidumbres. ¿Cuál debe ser la actitud y las acciones de los cristianos frente a esta pandemia y frente a la visión apocalíptica del fin del mundo que la acompaña? Exploraremos unas ideas en esta reflexión.

## Un poco de historia

No nos hace mal darle una mirada a la historia para tener un panorama más amplio de este tipo de situaciones. Esta pandemia no es la primera en la historia de la humanidad, y tampoco será la última.

Los registros históricos nos muestran que ha habido un sinnúmero de epidemias o pestes —como se les ha llamado comúnmente—. Pensando en la era cristiana nada más, subrayo tres grandes pestes: 1) la peste antonina en el siglo II d. C., en la cual se dice que murieron alrededor de 5 millones de personas; 2) la peste negra o bubónica en el siglo XIV, la cual mató entre 50 y 100 millones de personas; 3) la llamada gripe española de 1918-1920 que mató cerca de 50 millones de personas en todo el mundo.

Cuando uno ve esta información se da cuenta que la actual crisis del coronavirus no está ni cerca del tremendo daño que causaron esas pandemias mencionadas arriba. Eso no quiere decir que no haya que tomar en serio la actual crisis sanitaria y que no haya que tomar las medidas preventivas más radicales posibles. Una cosa hay que destacar: ahora la humanidad está más preparada para enfrentar este tipo de pandemias debido al avance de la ciencia, al avance de los sistemas públicos de salud (que surgieron hace cien años a raíz de la gripe española) y al avance de la organización social.

Y en todos estos momentos críticos la gente se ha preguntado lo mismo: ¿se están viviendo los últimos tiempos? ¿Cuántos últimos tiempos hay? ¿Será este el «último» de los últimos tiempos? Para entender mejor este concepto vamos a ver un poco la enseñanza bíblica al respecto.

## Un poco de Biblia

Por cuestión de espacio, voy a limitarme a hablar del concepto «últimos tiempos» y no de toda la profecía bíblica del fin del mundo. Cuando encontramos las expresiones «tiempos postreros», «últimos tiempos», «fin del mundo», «siglo venidero» o «fin de los siglos» estamos hablando de una categoría teológico-escatológica que describe muchas cosas. Algunas son claramente futuras, como lo que Jesús les dice a sus discípulos en Mt 28:20: «... yo estoy con vosotros hasta el fin del mundo». Sin embargo, la mayoría de veces los «últimos tiempos» se refiere a un período indeterminado de tiempo que va desde la encarnación hasta la segunda venida del Señor. Muchas veces se habla en el Nuevo Testamento de los últimos tiempos como los tiempos que ya estaban viviendo los cristianos del primer siglo (1 Co 10:11; Heb 9:26; 1 P 1:20). En algunos casos hay una ambivalencia entre lo futuro y lo presente. Por ejemplo, en 2 P 3:3-5 el autor habla de los burladores que vendrán en los últimos tiempos, pero en el v. 5 habla de que esos burladores ignoran (en el presente) algunas realidades del pasado. Así que aquí vemos que, según Pedro, los burladores de los últimos tiempos ya estaban presentes en su tiempo. Algo similar sucede en 2 Ti 4:3-4 cuando habrá falsos maestros y falsas doctrinas en los últimos tiempos. Sin embargo, de nuevo esos falsos maestros y esas falsas doctrinas ya estaban presentes en tiempos del apóstol Pablo.

En conclusión, los últimos tiempos comenzaron con la venida del Mesías y seguirán hasta su segunda venida. Entonces, eso quiere decir que hemos estado viviendo los últimos tiempos por más de dos mil años. En ese sentido, las guerras, los rumores de guerras, los terremotos y las pestes sí son señales de los últimos tiempos, pero de esos últimos tiempos en el sentido del Nuevo Testamento. La visión apocalíptica del fin de mundo que acompaña a cada crisis a lo largo de la historia es entendible hasta cierto punto, pero hay que verla en perspectiva histórica y bíblica para no caer en la especulación, el temor y el pánico. Siempre que se habla de los últimos tiempos en la Biblia el futuro es de esperanza y el presente es de santidad y justicia (2 P 3:11, 13-14).

## Un poco de actualidad

Con el panorama histórico-bíblico descrito brevemente arriba me permito hacer unas reflexiones sobre lo que actualmente está ocurriendo con esta crisis del coronavirus. En un sentido, esta crisis es similar a las otras que han acontecido en el pasado, pero en otro sentido es distinta. Esta vez la pandemia es global, es decir, abarca prácticamente todo el planeta. En unos lugares el daño es mayor y en otros menor, pero está en todos lados. También es diferente porque ahora sabemos con exactitud qué causa esta enfermedad y cómo se transmite, lo cual permite tomar acciones preventivas más efectivas, así como acelerar la investigación para producir medicamentos y vacunas. En el pasado todo era más desconocido e incierto. Así que, aunque hay pérdidas lamentables de vidas humanas, el cuadro no es tan grave como las epidemias del pasado.

Pensando en la visión apocalíptica del fin del mundo que circula en todos lados hoy (prédicas, estudios bíblicos, redes sociales), debemos ser cuidadosos. Por un lado, los líderes que enseñan las Escrituras debemos ser responsables cuando enseñamos estas cosas para no reproducir el pánico irracional y desesperanzador que abunda en este tiempo. Por el otro lado, todos nosotros que estamos expuestos a cualquier cantidad de información sensacionalista y teorías de conspiración debemos ser cautelosos. No se vale reproducir y difundir cualquier mensaje simplemente porque nos parece interesante o porque incluye información apocalíptica. Debemos reconocer que estos temas nos atraen y caemos fácilmente en la tentación de simplemente reenviarlos a todos nuestros contactos. Lo único que hacemos es difundir el miedo y la incertidumbre. Se vale reproducirlos si lo que buscamos es análisis y reflexión seria, pero sospecho que eso no está sucediendo.

Por último, debemos recordar que todo mensaje profético en la Biblia relacionado con el futuro siempre es un mensaje primordialmente para el presente. A la luz de los acontecimientos futuros los cristianos somos llamados al arrepentimiento, a una vida de santidad, a manifestar la justicia de Dios, a animarnos y estimularnos unos a otros, a promover la vida en comunidad y, sobre todo, a estar activos con la esperanza de que las cosas serán mejor aquí, ahora y allá después. Para el creyente el futuro siempre es mejor.

---

**David Suazo J.** (Guatemala) es doctor en Educación Teológica por el Seminario Teológico Centroamericano, licenciado y magíster en Teología por la misma institución y magíster en Teología Histórica por el Seminario Teológico de Dallas. Es miembro de la FTL a nivel continental, de la comisión teológica de la Alianza Evangélica Mundial, del Comité Académico del Instituto CRUX y panelista del programa *Fe y actualidad.* Es uno de los fundadores de la Sociedad Evangélica de Estudios Socio-Religiosos de Guatemala (SEES) y autor del libro *La función profética de la educación teológica evangélica en América Latina* por editorial CLIE.

# Capítulo 14

# Pandemia y escatología

Ambos términos se derivan de raíces griegas, como lo es y lo ha sido, ya se sabe, una gran parte de nuestro entero vocabulario terapéutico. El término «escatología» deriva de una traducción aproximada al castellano del griego *ta eschata*, que muchos lo han traducido como «las postrimerías», tanto aquellas referibles a cada uno de nosotros en lo individual (p. ej. la muerte) como a las colectivas (p. ej. el fin del mundo o las extinciones de toda una cultura). Su connotación más incisiva es la del final de todo lo que hemos conocido y vivido a lo largo de nuestras tan diversas vivencias humanas, o sea, de todo aquello que nos ha llegado a ser lo familiar y permanente.

Y así, también los exégetas bíblicos se han valido con mucha frecuencia de esos mismos términos, «escatología» o «escatológico», para aludir a posibilidades futuras tan definitivas como en sí mismas misteriosas e inescrutables. Porque ya sabemos que el mundo, y todo lo que en él se encierra, es caduco y que algún día acabará del todo.

La fuente teológica y científicamente más confiable para la correcta interpretación de uno de esos términos («escatología») la creo hallar en el *Lexikon für Theologie und Kirche* (LThK). Su primera edición (1930-1938) estuvo a cargo de Michael Buchberger, obispo de Ratisbona. La segunda (1957-1968), en cambio, tras la extinción del

Tercer Reich, estuvo bajo la responsabilidad de Josef Höfer y Karl Rahner. Y la tercera (2001) fue dirigida por Walter Kasper. A las tres ediciones aportaron los más prestigiosos teólogos y biblistas de su tiempo.

A su turno, para el lector en general me es útil remitirlo a ciertas fuentes bíblicas de carácter escatológico como la incluida en Mt 23:37, que reza así:

¡Jerusalén, Jerusalén, la que mata a los profetas y apedrea a los que son enviados a ella! ¡Cuántas veces quise juntar a tus hijos, como la gallina junta sus polluelos debajo de sus alas, y no quisiste!

También aquella otra en Mt 24:4-14:

Respondiendo Jesús, les dijo: Mirad que nadie os engañe. Porque vendrán muchos en mi nombre, diciendo: Yo soy el Cristo; y a muchos engañarán. Y oiréis de guerras y rumores de guerras; mirad que no os turbéis, porque es necesario que todo esto acontezca; pero aún no es el fin. Porque se levantará nación contra nación, y reino contra reino; y habrá pestes, y hambres, y terremotos en diferentes lugares. Y todo esto será principio de dolores. Entonces os entregarán a tribulación, y os matarán, y seréis aborrecidos de todas las gentes por causa de mi nombre. Muchos tropezarán entonces, y se entregarán unos a otros, y unos a otros se aborrecerán. Y muchos falsos profetas se levantarán, y engañarán a muchos; y por haberse multiplicado la maldad, el amor de muchos se enfriará. Mas el que persevere hasta el fin, este será salvo. Y será predicado este evangelio del reino en todo el mundo, para testimonio a todas las naciones; *y solo entonces vendrá el fin.*

Manera original de despertar nuestro interés por lo inevitable: el final de todo lo caduco y perecedero. El contenido de ambos textos es global y definitivo. Cuadro tremebundo como lo hubo de reiterar el mismo Juan el evangelista en el Apocalipsis. Es decir, el mundo todo como lo hemos conocido, como lo hemos sufrido y como a ratos lo hemos aprendido a amar llegará a un final inevitable. Aunque también él incluye un rayo de luz que dejará absolutamente todo bien iluminado: el juicio final. «Bienaventurado el que lee, y los que oyen las palabras de esta profecía, y guardan las cosas en ella escritas; pues el tiempo está cerca» (Ap 1:3).

Los cosmólogos, por otra parte, sean creyentes o ateos, nos anticipan científicamente otro final más tenebroso. Apoyados hoy mayoritariamente en la celebérrima fórmula de Albert Einstein, en la cual la energía es igual a la masa elevada al cuadrado de la velocidad de la luz ($E=mc^2$), concluyen en dos diferentes deducciones hipotéticas para anticiparnos el seguro final de todo lo visible: o que la energía, por ellos llamada «positiva», acabará por mera gravitación universal desplomándonos en esa hoguera gigantesca que es para nosotros el Sol; o se impondrá otra forma de energía, por ellos llamada «negativa», que nos conducirá a un final del todo aniquilador, es decir, a una noche perpetua, helada, sin luz alguna y en absoluto silencio... Así rezan las hipótesis alternativas de muchos cosmólogos contemporáneos.

Perdóneme, apreciado lector, esta difícil escapada hacia lo más intrincado de las últimas teorías de la física, pues esta pequeña reflexión no es el lugar más apropiado para tales especulaciones. Pero lo que quiero rescatar de todo ello es que los humanos, aunque nos sepamos la cumbre de todo lo creado por los dones gratuitos del pensamiento y de la libertad de escoger, no somos el árbitro definitivo sobre todo lo existente, sino frágiles sujetos igualmente destinados a un final que nos será tan natural como para el resto de todo lo creado.

En todo ello se esconde una diferencia conceptual de lo más importante: en la visión apocalíptica de los teólogos nosotros, los humanos somos siempre los protagonistas alrededor de los cuales la materia inerte se desenvuelve positiva o negativamente, porque estamos destinados a otro estado sobrenatural que se nos ha donado gratuitamente en la persona de Jesucristo. Mientras que para los cosmólogos no somos ninguna excepción a todo lo creado, sino meras piezas de lo mismo que habrá de desaparecer definitiva e ineluctablemente.

Es más, al muy corto plazo —digamos, si así lo queremos, para el 2029— se nos ofrece otra versión de lo mismo: un asteroide al presente en la órbita de Júpiter, llamado Apofis (=dios del caos), posiblemente se desprenda en dirección a nuestro planeta con una muy alta probabilidad de chocar con la Tierra. Otro posible final, pero al cortísimo plazo. En todo caso, nuestro final no sería el efecto de pandemia alguna como la que actualmente nos hace sufrir a todos, aunque de todas maneras estamos jugando con la idea de nuestra extinción total.

¿Cuál de esas hipótesis haremos en definitiva la nuestra? ¿La de los cosmólogos pesimistas o la de los teólogos esperanzados contra toda evidencia científica? Todo dependerá de a cuál mensaje concedamos la verdad última. ¿A los evangelios (etimológicamente «las buenas nuevas») o a la ciencia especulativa del todo indiferente entre lo universal y lo particular, entre lo bello y lo feo, entre nuestras expectativas sobrenaturales y un futuro inclemente que todo lo apagará? Lo cual me recuerda a otro elocuente momento de la vida de Jesús de Nazaret narrado en Mt 18:1-5:

En aquel tiempo los discípulos vinieron a Jesús, diciendo: ¿Quién es el mayor en el reino de los cielos? Y llamando Jesús a un niño, lo puso en medio de ellos, y dijo: De cierto os digo, que si no os volvéis y os hacéis como niños, no entraréis en el reino de los cielos. Así que, cualquiera que se humille como este niño, ese es el mayor en el reino de los cielos. Y cualquiera que reciba en mi nombre a un niño como este, a mí me recibe.

Respuesta sobria y contundente, sea para teólogos o para cosmólogos, pues entraña que el camino a la verdad ha de presuponer por nuestra parte el reconocimiento previo de nuestra poquedad. Y por esto al final hemos de concluir que la verdad de todo lo postrimero no se nos dará vía del orgulloso intelecto, sino por esa otra vía, más enternecedora, del corazón humilde. Lo cual también me lleva a concluir serenamente aquella inteligente verdad del gran matemático Blaise Pascal: «El corazón tiene razones que la razón no comprende». Y a esto último me adhiero del todo.

---

**Armando de la Torre** (Guatemala/Cuba/Estados Unidos) es teólogo, filósofo y periodista. Es el director de la Escuela Superior de Ciencias Sociales de la Universidad Francisco Marroquín. Obtuvo su doctorado en Filosofía en la Universidad de Múnich. Especialista en historia del pensamiento económico y autor de numerosos artículos y ensayos académicos y de *100 obras 1000 años: Las cien obras de mayor impacto escritas en el segundo milenio.*

# Capítulo 15

# La familia en tiempos de crisis

Hoy día, en la actual situación, invaden miles de preguntas: ¿qué haré con mi economía?, ¿cómo podré sobrevivir a esto?, ¿qué pasará con mi familia?, ¿cuándo volveremos a la «normalidad», si es que la habrá?, ¿qué pasará con mi trabajo? Y así se pueden escuchar miles de preguntas que cada padre y madre de familia se están haciendo en este preciso momento. Pareciera que todas tienen una connotación negativa, de preocupación, de miedo, de poca esperanza y de mucha incertidumbre. Sin embargo, considero que no se ha meditado mucho en las cuestiones positivas que ha traído esta crisis. A veces las noticias pueden crearnos un ambiente de pánico, de ansiedad o de temor, pero ¿qué provecho podemos tener de este tiempo en cuarentena? Sobre todo, ¿cómo se puede aprovechar este tiempo en relación con la familia?

## La familia en su origen

La familia ha existido desde hace miles de años, pero con el paso del tiempo se han quitado u olvidado, por la influencia de diferentes ideologías, algunas características que le pertenecen intrínsecamente. Sin embargo, es importante regresar a los orígenes de esta institución y resaltar sus características esenciales.

En los tiempos bíblicos la familia era más extensa, es decir, los siervos, esclavos y concubinas también eran considerados parte de ella (se les conocía como «familia extendida»).[1] Esto se puede observar en la genealogía de los hijos de Jacob en Gn 46:8-26. Con relación a la parte espiritual y religiosa —tema que nos interesa—, el encargado y cabeza de la familia era quien debía procurar la instrucción tocante a la fe, incluso de la familia extendida.[2] Esto permite ver que en la antigüedad el rol del padre no solo se limitaba a los hijos, sino que iba más allá y se relacionaba con todo lo que concernía a la fe. Era deber del encargado de la familia enseñar todo lo relacionado al culto y estar presente en esto.

Parte de este cuadro se observa en Dt 6:6-7, 20-25. En los vv. 6-7 se indica un rol activo que los padres deben tener con respecto a la parte espiritual de los hijos. Se habla de lo siguiente:

> Debes comprometerte con todo tu ser a cumplir cada uno de estos mandatos que hoy te entrego. Repíteselos a tus hijos una y otra vez. Habla de ellos en tus conversaciones cuando estés en tu casa y cuando vayas por el camino, cuando te acuestes y cuando te levantes (NTV).

Es decir, la familia era el núcleo donde los hijos eran educados y donde recibían los estatutos espirituales que formarían su fe. Es por eso que el v. 7 asocia la transmisión de la fe con todas las escenas más familiares y comunes de la vida en familia. De aquí se infiere que los padres tenían una presencia muy fuerte y activa en la vida de sus hijos y de toda la familia. Incluso se observa que los padres introducían

---

1. A. Ropero, "Familia", *Gran diccionario enciclopédico de la Biblia*, ed. Alfonso Ropero (Barcelona: CLIE, 2013), 884-885.

2. Ibíd.

a sus hijos en el trabajo profesional que la familia desempeñaba en general.[3]

Entonces, la familia en los tiempos bíblicos era la transmisora de los valores, de la fe, de las costumbres e incluso de las profesiones familiares. En ella se aprendía acerca de las relaciones interpersonales, se cultivaba el respeto y el desempeño de cuestiones complementarias. La familia llegó a ser un refugio para los que la integraban, en donde podían gozar de su seguridad personal.[4] Los padres pasaban bastante tiempo con sus hijos enseñándoles la fe en las diferentes esferas que una familia puede y debe tener. Por lo que surge entonces el punto principal de este escrito: ¿cómo se puede aprovechar el tiempo en familia durante esta crisis?

## La familia en tiempos del COVID-19

Aun en medio de la crisis actual y de las preguntas «negativas» que parecen nublar más el panorama, Dios no está en silencio, él sigue sosteniendo y guiando a su creación. Probablemente este tiempo sea el tiempo justo y necesario para que los padres retomen nuevamente su rol; no el rol de proveedores que viven afanosamente las rutinas, las agendas ocupadas y los afanes de la vida, sino el rol bíblico de guías espirituales y morales. Es un momento para detenerse, pensar y reflexionar: ¿cómo está mi familia?, ¿he sido el padre o la madre que el Señor me ha mandado a ser?, ¿he sido realmente el sacerdote de mi hogar?, ¿he sido una madre virtuosa?, ¿hemos dado buen testimonio como familia en nuestros círculos y sociedad?

---

3. Ibíd.

4. P. Panasiuk, "Clase 4", en *Pastoral de la familia: Fundamento bíblico e histórico de la familia*, ed. Jorge Galli (Buenos Aires: FIET, EIRENE, 2017).

El Señor sigue llamando a los padres a ser los transmisores de la fe, de los valores cristianos, de las prácticas que acompañan a la fe judeocristiana e incluso de las costumbres que son tan ricas en sí mismas. Es el momento preciso, antes de que todo inicie nuevamente, para aprovechar y pasar tiempo de calidad con los hijos, para enseñarles lo que se ha olvidado enseñar, para realizar un culto familiar, etc. Y todo esto también se puede realizar con aquellos que son parte de nuestra familia extendida. Es un tiempo para estar menos ubicados en las pantallas y más en contacto con los hijos y con quienes viven dentro del hogar. En otras palabras: en medio de esta crisis es importante dejarse guiar por el Señor y su revelación.

> «Mas la misericordia del Señor es desde la eternidad hasta la eternidad, para los que le temen, y su justicia para los hijos de los hijos, para los que guardan su pacto y se acuerdan de sus preceptos para cumplirlos» (Sal 103:17-18 LBLA).

**Sharon Herrera** (Chile) es licenciada en Teología con énfasis en Consejería y magíster en Consejería por el Seminario Teológico Centroamericano. Es pastora de jóvenes en la iglesia Centro Bíblico El Camino en Guatemala y forma parte del equipo del Instituto CRUX.

# Capítulo 16

# La paradoja del aprendizaje en tiempos de coronavirus

Según la Unesco, aproximadamente 1500 millones de alumnos se han visto afectados por esta pandemia, ya que alrededor de 185 países han tenido que cerrar sus diversos centros educativos. Si a dicha estadística le agregamos los miles de cristianos que han dejado de asistir a sus comunidades de fe, centros de aprendizaje y formación, no podríamos dimensionar realmente el impacto que el COVID-19 ha causado en los distintos sectores educativos.

Hablar de educación en estas circunstancias es elemental, porque estimula y fundamenta la formación y transformación de toda la sociedad. El filólogo y filósofo Werner W. Jaeger dice lo siguiente: «La educación participa en la vida y el crecimiento de la sociedad, así en su destino exterior como en su estructuración interna y en su desarrollo espiritual».[1] Y así, la sociedad no es una masa homogénea, sino que evoluciona a partir de la integración de diversos ámbitos que competen al desarrollo humano: economía, política, educación, familia, religión, etc. Por eso se hace necesario esbozar en las siguientes líneas una breve reflexión que nos ayude a considerar los posibles efectos de la pandemia sobre la educación.

---

1. Werner Jaeger, *Paideia: Los ideales de la cultura griega* (México: FCE, 2009), 4.

Básicamente, educar es formar o instruir. Es una función natural y universal de la comunidad humana, la cual inicia en el momento mismo del nacimiento, cuando necesitamos aprender a adaptarnos a la vida fuera del vientre. Sin embargo, paradójicamente, este proceso natural tarda mucho en llegar a ser plenamente consciente en aquellos que lo desarrollan y practican.[2] Pero, además de la educación natural, también está la instrucción formal, cuya función la desempeñan diferentes entidades, incluyendo la religiosa. En este sentido, fue precisamente este tipo de educación que, debido al COVID-19, tuvo que interrumpirse repentinamente. De la noche a la mañana todas sus metodologías y dinámicas de aprendizaje perdieron efectividad por causa del llamado aislamiento social. Empero, esta intermisión obligó a todos a establecer nuevos caminos para una educación abierta, flexible, robusta y virtual, la cual necesitaba responder a lo inmediato de la situación.

Por tanto, como primer desafío, toda institución educativa debe aprender a elaborar filosofías y metodologías sostenibles a largo plazo, aplicables a diversas realidades y alcanzables para profesores y estudiantes. La virtualización de la educación, por ejemplo, no ha sido nada fácil, resultó ser un desafío institucional además de particular. Aunque se poseían instrumentos administrativos de carácter tecnológico, estos no estaban destinados a la educación en línea *per se*. Por eso la pandemia demandó al educador competencias propias de la educación del siglo XXI, acelerando y exigiendo su implementación en la docencia. El uso de las tecnologías de la información y de la comunicación (TIC) ya no son una opción, sino un requisito inherente para todo docente. El educador contemporáneo debe entender y afirmar su rol de facilitador orientando al educando en la autogestión de su aprendizaje. Las iglesias e instituciones

---

2. Ibíd., 19.

teológicas, consideradas como participantes en los procesos de enseñanza-aprendizaje, también fueron desafiadas en este sentido. Han sido impulsadas a utilizar las TIC y han visto la necesidad de implementar estrategias nuevas que les permitan seguir cumpliendo su misión en medio de la pandemia: transmitir las enseñanzas de Jesús, difundir su fe, proyectar amor y brindar esperanza. Algunas iglesias e instituciones han sido más capaces de lograr dicha misión debido a sus habilidades y experiencias. Sin embargo, todas, de algún modo, han seguido formando a los creyentes y siguen transmitiendo compasión y solidaridad en medio de la crisis.

La familia, esa comunidad más pequeña y ligada estrechamente al sujeto de aprendizaje, también aprendió a conjugar comunitariamente en un solo lugar (el hogar) diversos verbos: estudiar, trabajar, convivir, comer, acompañar, compartir, reír, llorar, crecer, etc. Verbos interpretados individualmente debido al individualismo imperante, producto del materialismo, y al frenesí social actual. No hablamos solo de tener en abundancia, porque aun en medio de la escasez las familias se están reinventando, luchando, llorando y sufriendo. Pero ahí también están aprendiendo a practicar el amor y la compasión, virtudes cristianas dadas por Dios.

Llegamos al educando, principal actor de los procesos pedagógicos. Inevitablemente tenemos que preguntarnos lo siguiente: ¿cómo enfrentará el educando esta pandemia o cualquier otra crisis que sobrevenga? Sin lugar a dudas, hay diversas respuestas. «Mami, la educación en casa me ha hecho más inteligente y responsable», fueron las palabras de mi hijo de nueve años después de experimentar el reto de la virtualización y el aislamiento social. La resiliencia que las nuevas generaciones están desarrollando ante dicha pandemia es incalculable a largo plazo. Los niños, con su vasto cúmulo de energía, «no conocen el descanso, desarrollan un movimiento incesante, que no se puede sujetar a un sitio determinado, y solo pueden encausarse en una determinada dirección».[3] Me refiero aquí a su propia formación.

El educando, las instituciones y la familia, consciente o inconscientemente, se han unido para continuar la formación de los suyos. La adaptación de la educación a los nuevos tiempos ha permitido un nuevo tipo de aprendizaje a través de la virtualización de la educación, ha expandido las comunicaciones y ha transformado el formato laboral. Los cambios son muchos y el aprendizaje ha sido intenso; sin embargo, necesitamos que permanezca la voluntad de continuar.

## La iglesia ante la pandemia y la educación

Hemos sido creados para ser instruidos, para reflexionar y para aprender naturalmente. Acción teleológica en todo ser humano que permite espiritualizar lo natural y naturalizar lo espiritual. Por eso el actual desafío consiste en afirmar que la educación, como proceso de construcción consciente, necesita involucrar la totalidad del ser (el cuidado de la mente, el cuerpo y el espíritu).[4] La iglesia no puede olvidar este principio elemental en su misión. Ella, como comunidad de formación, restauración y acompañamiento, ha de saber apoyar al desvalido y desesperanzado, al que llora y necesita, a los que luchan por superar la crisis económica o de otra índole. La iglesia debe seguir pregonando las enseñanzas de Jesús. Una verdad que nos llama a la integridad, al amor sacrificial, a la fe que nos invita a actuar y a la esperanza que nos anima al contentamiento que tuvo nuestro Señor. Es decir, como comunidad de fe debemos vivir con humildad y practicar las virtudes como señal de una comunidad redimida.

---

3. Ibíd., 1034-35.

4. Ibíd., 11.

La paradoja planteada es la siguiente: aunque estamos distanciados socialmente, el ser humano ha podido producir encuentros de otro tipo, como el virtual, institucionalizando una nueva dinámica de desarrollo humano. Es cierto que los diversos centros de formación, sean seculares o religiosos, están cerrados, sin embargo, el espíritu humano ha sacado lo mejor de sí en este tiempo de crisis global. Hemos aprendido a unir voluntades, a superar barreras tecnológicas, a crear comunidades de aprendizaje no convencionales y, sobre todo, a cultivar virtudes que forman el carácter de nuestros seres queridos.

## Retos y oportunidades para la educación

Aun en medio de la crisis, no debemos olvidar cuál es el objetivo principal de los procesos educativos actuales: educamos para la vida y para construir sociedades pujantes con visión a largo plazo. Si mecanizamos mucho los procesos educativos, podemos caer en el peligro de deshumanizarlos, olvidando las emociones y necesidades básicas del educando y de los educadores. No hay que olvidar, por ejemplo, que el aislamiento puede producir ansiedad y estrés en muchas personas.

Por otra parte, tampoco podemos olvidar que la esencia de la educación es cambiar vidas y que la tarea primordial de los educadores es brindar competencias y herramientas que le permitan al educando afrontar los desafíos futuros con verdadera vocación y convicción.

Mi anhelo como administrativa académica, madre y estudiante es estar a los pies del Maestro y acudir constantemente a él para buscar guía, consejo y consuelo. Si estamos ante los pies del Señor, aprenderemos a transmitir esperanza, virtud que fortalece la fe, y a manifestar el amor de Dios sin importar las circunstancias que estemos viviendo.

¡Educamos hoy en fe y con amor para forjar el mañana con esperanza!

---

**Carolina Ruiz de Chamorro** (Costa Rica-Nicaragua) es licenciada y magíster en Teología por el Seminario Teológico Centroamericano. Actualmente está terminando sus estudios doctorales en Educación Teológica y funge como directora de los programas en línea en dicha institución. Es docente en el área de investigación y teología y panelista del programa radial *Tour por la Biblia*.

# Capítulo 17

# El duelo en tiempos de coronavirus

A través de la vida experimentamos diferentes tipos de pérdidas, y en cada una de ellas vivimos un duelo particular. La muerte de un ser querido es, sin lugar a dudas, la mayor de esas pérdidas. Hoy en día la crisis del coronavirus ha impactado nuestras vidas de diferentes maneras, lo cual ha ocasionado que estemos experimentando un duelo especial.

La pandemia trajo crisis de salud y, lamentablemente, también la muerte de miles de personas. Interrumpió nuestra rutina de vida. Algunos perdieron su trabajo y otros tuvieron que adaptarse a nuevas formas de trabajo desde casa. Nuestros hijos están tomando sus clases en línea y otros han dejado simplemente de estudiar. El coronavirus modificó nuestra vida social: no hemos tenido las habituales reuniones familiares, de iglesia o de entretenimiento (p. ej. ir al cine o tener eventos especiales). Y todo esto creó un efecto dominó que ha impactado nuestra economía personal, familiar y de la nación.

Como resultado de todas estas pérdidas, hoy la mayoría de las personas estamos experimentando cierto temor e inseguridad ante el peligro de contagio. Salimos a la calle protegidos con mascarillas y guantes, porque no sabemos si el virus está presente en la persona con la que entramos en contacto o en alguna superficie que tocamos, lo cual ha aumentado la ansiedad. Algunas personas han desarrollado un pánico descontrolado que los ha llevado a comprar impulsivamente. Otros están frustrados porque sus vacaciones, viajes o eventos especiales fueron cancelados. Algunas personas viven ansiosas por no saber cuándo volverán de nuevo a la rutina, si es que podremos volver a ella. En fin, todos estamos viviendo tiempos difíciles y nos sentimos abrumados, estamos viviendo un duelo como nunca antes lo habíamos vivido. Ahora bien, así como es importante que nos cuidemos físicamente, también necesitamos cuidarnos mental y emocionalmente. Es necesario que pongamos en práctica lo siguiente:

- Necesitamos aceptar la seriedad de este problema de salud. Al principio algunos estábamos en negación del problema, lo mirábamos como algo lejano y que no nos impactaría. No obstante, la aceptación de la crisis nos ayudará a practicar las medidas de prevención necesarias para evitar el contagio.

- Necesitamos vivir en el presente y no dejar que el temor al futuro nos controle. Quizás estemos ansiosos porque no sabemos si nosotros o algún ser querido se va a contagiar o incluso a morir debido al coronavirus. Pero la ansiedad no soluciona el futuro, mas sí arruina nuestro presente. Tenemos que enfocarnos en el hoy, ver que estamos saludables, que estamos en casa con nuestros seres queridos y que tenemos comida. Aprovechemos el tiempo en familia.

- Necesitamos enfocarnos en lo que podemos controlar. ¿Qué estoy haciendo yo? Debo mantener el distanciamiento social, lavar mis manos, limpiar mi casa, usar desinfectante de manos, no asistir a reuniones públicas, permanecer en casa, usar mascarilla al salir, etc. Yo no puedo controlar que mi vecino haga fiestas, que las personas vayan a la playa o que el número de infectados siga creciendo. Debemos dejar que otros se ocupen de lo que nosotros no podemos controlar.

- Necesitamos compartir con otros y ayudarnos mutuamente. Hay otras personas que no tienen lo que nosotros tenemos. Hoy más que nunca debemos mostrar nuestro amor al prójimo.

- Necesitamos valorar y cuidar nuestro medio ambiente. El planeta está menos contaminado en estos últimos meses y ojalá pudiéramos todos comprender la urgente necesidad de poner de nuestra parte para cuidarlo siempre.

En conclusión, esta pandemia debe sacar lo mejor de nosotros. Es tiempo de desarrollar nuestra resiliencia y encontrar el significado de esta situación para nuestras vidas. Así, cuando todo esto pase, *no tendremos un trastorno* de estrés postraumático, sino *un aprendizaje* de estrés postraumático.

---

**Mateo S. Gómez** (Guatemala) es licenciado en Teología por el Seminario Teológico Centroamericano, magíster en Divinidades por la Azusa Pacific University y tanatólogo certificado por la Association for Death Education and Counseling (ADEC). Es director de comunicaciones y portavoz oficial de Cementerios Forest Lawn y pastor de la Iglesia Palabra de Vida Community Church. En los últimos doce años ha estado involucrado en la consejería de duelo y ha sido capellán en hospitales especializados en enfermedades terminales.

# GUÍAS DE ESTUDIO Y REFLEXIÓN

## *2. ¿Es el coronavirus un castigo divino?*

1. ¿Cuáles han sido algunas respuestas que se han dado en la historia al dolor o al sufrimiento de los seres humanos?

2. ¿Qué nos enseña la teología cristiana respecto al sufrimiento humano?

3. ¿Creen que Dios está castigando a unas naciones más que a otras con el coronavirus por su mal comportamiento?

4. Según Lc 13:1-5, ¿qué nos enseña Jesús respecto a las calamidades?

5. A la luz de este capítulo, ¿por qué crees que sufre el ser humano?

## Pasajes complementarios

2 Corintios 4:17 (NVI)
Pues los sufrimientos ligeros y efímeros que ahora padecemos producen una gloria eterna que vale muchísimo más que todo sufrimiento.

Romanos 5:3-5 (RV60)
Y no solo esto, sino que también nos gloriamos en las tribulaciones, sabiendo que la tribulación produce paciencia; y la paciencia, prueba; y la prueba, esperanza; y la esperanza no avergüenza; porque el amor de Dios ha sido derramado en nuestros corazones por el Espíritu Santo que nos fue dado.

# 3. Crisis, frustración y confianza: reflexiones a partir del profeta Habacuc

1. ¿Qué lleva al profeta a pedir la intervención divina? En su caso personal, ¿qué elementos hay alrededor de su vida que le invitan a pedir que Dios intervenga?

2. Al inicio del capítulo 2 hay una declaración de confianza del profeta ante la respuesta de Dios. ¿Cómo puede aplicar esto a su situación en la actualidad?

3. En el capítulo 3 se presentan una serie de intervenciones divinas en la historia de Israel. ¿Puede mencionarlas?

4. Pensando en su vida, ¿puede mencionar dos o tres intervenciones que ha tenido Dios a favor de usted?

## Pasajes complementarios

Salmo 68:19-20 (NVI)
   Bendito sea el Señor, nuestro Dios y Salvador,
   que día tras día sobrelleva nuestras cargas.
   Nuestro Dios es un Dios que salva;
   el Señor Soberano nos libra de la muerte.

Proverbios 18:10 (RV60)
   Torre fuerte es el nombre de Jehová;
   A él correrá el justo, y será levantado.

## *4. El sufrimiento a través de los ojos del apóstol Pablo*

1. En 2 Co 1:3 se mencionan dos elementos del carácter de Dios. ¿Cuáles son?

2. En el pasaje de 2 Co 1:1-5 se menciona un propósito del sufrimiento/dolor (1:4). ¿Cuál es? En medio de la situación actual, ¿cómo puede poner en práctica este propósito?

3. ¿Cómo le ayudaron los hermanos de Corinto a Pablo en medio de su sufrimiento? (1:11)

4. Lea y medite 2 Co 4:16-18 y 12:9-10. ¿Cómo podemos descansar en las manos de Dios en medio de la situación actual de crisis que se vive hoy día?

¡No olvidemos que Dios es nuestro refugio en medio del sufrimiento! Nuestra esperanza está puesta en él, en el Todopoderoso.

## Pasajes complementarios

Salmo 33:20–22 (NVI)
Esperamos confiados en el Señor;
él es nuestro socorro y nuestro escudo.
En él se regocija nuestro corazón,
porque confiamos en su santo nombre.
Que tu gran amor, Señor, nos acompañe,
tal como lo esperamos de ti.

# 5. Evangelio: ¿buenas noticias en medio de la pandemia?

El capítulo 52 de Isaías se escribe en un momento difícil para el pueblo de Israel, quienes se encontraban lejos de sus espacios habituales de adoración, bajo zozobra y con un futuro incierto. Es en esa situación donde la palabra de Dios, por medio de su profeta, intenta llevar luz en medio de la desesperanza. De la misma manera, Dios ahora nos recuerda, a través de su Palabra, la forma en que él ha actuado en favor de su pueblo y cómo, a pesar de las circunstancias adversas, ha efectuado su salvación.

1. El texto de Is 52:1-12 describe vívidamente la situación que atravesaba el pueblo de Israel. ¿Cómo se podría comparar la situación que narra Isaías con la que estamos viviendo en la actualidad?

2. El v. 7 nos expresa cuál es la «buena noticia» que Dios le estaba dando a su pueblo. ¿Cuál es esa buena noticia? ¿Qué significado tenía esta noticia para Israel en ese momento?

3. ¿Qué nos dice a nosotros la frase «Tu Dios reina»? ¿Qué significa en medio de nuestras adversidades reconocer que Cristo está reinando?

4. ¿Cómo debe vivir la comunidad que ha reconocido a Jesucristo como su rey? En medio de la pandemia, ¿qué acciones podemos tomar como iglesia para reflejar a otros la justicia y el amor de nuestro rey?

5. El libro de Apocalipsis nos enseña cómo adorar al Rey a través de nuestros cantos. ¿Qué alabanza podemos entonar para que, aun en medio del dolor, el Rey sea exaltado?

## Pasajes complementarios

Colosenses 1:15-20

2 Timoteo 1:9-12

## 6. ¿*En quién confiamos? Reflexiones en el Salmo 121*

1. El Sal 121 es parte de los salmos de ascenso gradual. ¿Cuál era el propósito principal de esos salmos?

2. Los vv. 1 y 2 nos cuentan la esperanza del salmista. ¿Cuál es su confianza y cómo la describe? ¿En dónde está puesta nuestra confianza hoy?

3. Usualmente cuando estamos en situaciones difíciles nos imaginamos situaciones irreales o muy negativas que no pasarán, pero en nuestra angustia las vemos como casi ocurriendo. Por medio de los vv. 3 y 4, el salmista anima a su oyente sobre cosas que no pasarán. ¿Qué cosas no pasarán? ¿Qué nos dice esto a nuestra confianza hoy?

4. Los vv. 5 al 8 describen lo que el salmista ve a Dios ser y hacer. ¿Cómo se manifiestan dichas cualidades y acciones de Dios en tu vida y la de tu comunidad?

5. Si tuvieses que cantar o recitar un salmo escrito por ti acerca de tu confianza en Dios, ¿qué incluirías?

**Pasajes complementarios**

Salmo 56:3-4 (NVI)
Cuando siento miedo, pongo en ti mi confianza.
Confío en Dios y alabo su palabra; confío en Dios y  no siento miedo. ¿Qué puede hacerme un simple mortal?

Salmo 125:1 (NVI)
Los que confían en el Señor son como el monte Sión,
que jamás será conmovido, que permanecerá para siempre.

# 7. *Perseverancia y paciencia en la crisis*

Cuando nuestros deseos y la voluntad de Dios van en direcciones opuestas se crea una tensión que nos ciega, y al no encontrar esperanza en medio de la crisis nos frustramos. Si bien la perseverancia y la paciencia son disciplinas que deben cultivarse, ellas nacen de la esperanza. Dicha esperanza debe ser trascendente y relevante. Nuestra perseverancia y paciencia encuentran su fundamento en la trascendente, relevante y, por lo tanto, esperanzadora obra de amor de Cristo. No podemos negar (ni deberíamos) la obra del Espíritu Santo, ya que, como bien sabemos, el fruto del Espíritu incluye esa paciencia de la cual debemos dar fruto.

«La extraordinaria grandeza del cristianismo radica en que no busca un remedio sobrenatural para el sufrimiento, sino darle un uso sobrenatural» (Simone Weil). Cristo es la roca donde nos podemos levantar para ser perseverantes y pacientes en medio de cualquier crisis.

1. ¿En qué circunstancias difíciles se encontraba el apóstol Pablo al escribir la carta a los colosenses?

2. ¿Por qué son necesarias la sabiduría y la comprensión espiritual?

3. Según el contexto de la carta, ¿qué se entiende por «perseverancia» y «paciencia»?

4. ¿De qué manera tus circunstancias actuales te desafían a perseverar y ser paciente?

5. ¿Cristo ha sido la fuente de tu gozo y paz en medio de la crisis? ¿Tu paciencia y perseverancia han hallado su fundamento en la esperanza cristiana?

## Pasajes complementarios

Colosenses 3:12-13 (LBLA)
Entonces, como escogidos de Dios, santos y amados, revestíos de tierna compasión, bondad, humildad, mansedumbre y paciencia; soportándoos unos a otros y perdonándoos unos a otros, si alguno tiene queja contra otro; como Cristo os perdonó, así también hacedlo vosotros.

Salmos 37:5-8 (LBLA)
Encomienda al Señor tu camino,
confía en él, que él actuará;
hará resplandecer tu justicia como la luz,
y tu derecho como el mediodía.
Confía callado en el Señor y espérale con paciencia;
no te irrites a causa del que prospera en su camino,
por el hombre que lleva a cabo sus intrigas.
Deja la ira y abandona el furor;
no te irrites, solo harías lo malo.

## 8. *Fuerza de la palabra y fuerza de la creación: una perspectiva histórica del cristianismo ante la pandemia*

Vivimos en un tiempo vulnerable, y esto hace que cualquier palabra tenga una fuerza para los receptores. Las palabras que algún hombre espera luego del hisopado, las estadísticas de fallecidos o recuperados, cada una tiene su fuerza y de alguna manera lleva a los hombres a crear su vida a la luz de ellas. La fuerza de las palabras del evangelio sigue patente para aquellos que desean recibir el mensaje: Mateo 13:1-9. Sin embargo, qué palabras se dicen como creyentes en Cristo para los hermanos, familiares y amigos. Considero que en la medida que las palabras vayan en línea con el mensaje del evangelio, así será la creación que vendrá del receptor. Ojalá que *nuestras* palabras tengan la fuerza para crear en los otros consuelo, esperanza, fe y amor.

1.  ¿Cómo le han ayudado las palabras del evangelio en esta situación?

2.  ¿Qué actos en concreto ha tomado a la luz de su fe para enfrentar esta pandemia?

3.  ¿Qué actos concretos puede realizar para crear un evangelio que revele su fuerza creativa?

### Pasajes complementarios

Santiago 1:2 (NVI)
Hermanos míos, considérense muy dichosos cuando tengan que enfrentarse con diversas pruebas.

1 Juan 4:20 (NVI)
Si alguien afirma: «Yo amo a Dios», pero odia a su hermano, es un mentiroso; pues el que no ama a su hermano, a quien ha visto, no puede amar a Dios, a quien no ha visto.

# 9. El accionar de los primeros cristianos frente a una crisis sanitaria

1. Según los testimonios citados, ¿cómo se comportaron los primeros cristianos en tiempos de crisis sanitaria?

2. Según Cipriano, la adversidad o el sufrimiento pueden ser medios para nutrir la fe. ¿Esta pandemia le ha ayudado a fortalecer su relación con Dios? ¿De qué manera?

3. ¿Cómo podemos demostrar el amor cristiano en tiempos de coronavirus?

## Pasajes complementarios

Juan 15:12-13 (NVI)
> Y este es mi mandamiento: que se amen los unos a los otros, como yo los he amado. Nadie tiene amor más grande que el dar la vida por sus amigos.

Filipenses 2:4-5 (NVI)
> Cada uno debe velar no solo por sus propios intereses, sino también por los intereses de los demás. La actitud de ustedes debe ser como la de Cristo Jesús.

# 10. Fe expresada en la generosidad

Para los primeros cristianos los bienes económicos eran un medio para un fin, no una meta. Encontramos también en Pablo una actitud similar, en donde los bienes materiales pasaban siempre a un segundo plano, ya sea en las ofrendas como en el apoyo que daba y recibía. El problema no han sido las riquezas, sino el lugar que ellas ocupan en nuestra vida. Si bien es cierto que las riquezas siempre han sido objeto del deseo humano desde siempre, la sociedad de consumo en la que vivimos plantea un desafío aún mayor. Es nuestra responsabilidad como iglesia ser luz al respecto y mostrar que las riquezas, tal como lo dijo Pablo y lo practicó la iglesia primitiva, no son un fin, sino un medio para lograr el fin.

1.  ¿Por qué cree usted que Dios envió a Elías específicamente a la casa de una viuda? ¿Qué puede indicar eso respecto al cuidado de Dios por los desamparados?

2.  ¿Cómo se puede relacionar esto con el relato de la viuda que encontramos en Lc 21:1-4 o Mr 12:41-44? ¿Cómo se relacionan la fe y las ofrendas?

3.  ¿De qué formas puedo yo expresar mi fe en Dios mediante la generosidad en esta semana? ¿De qué formas puede hacerlo mi iglesia?

## Pasajes complementarios

Hechos 4:32-35

1 Timoteo 6:17-19

## *11. La iglesia en tiempos de cuarentena*

La contemplación, que de cierta manera exige el silencio y la quietud, ha sido un elemento muy importante en el cristianismo. Sin embargo, el activismo cotidiano en general y el eclesial en particular han opacado dicha actividad hoy día. Hay que recordar que el *hacer* surge del *ser*, y en el *ser* es necesario un conjunto de ideas asumidas y estudiadas. Por lo tanto, la primera tarea de la inteligencia humana no consiste en iluminar la realidad (o actuar), sino en dejarse iluminar por ella y por el Creador. En palabras de Tomás de Aquino: «Contemplar y transmitir lo contemplado».

1. ¿Cree usted que en nuestros cultos o actividades hacen falta momentos de silencio y contemplación?

2. ¿Las actividades en exceso pueden representar un obstáculo en nuestra relación con Dios?

3. ¿Cómo podríamos implementar en nuestros cultos la práctica de la contemplación?

## Pasajes complementarios

Lucas 5:15-16 (NVI)
Sin embargo, la fama de Jesús se extendía cada vez más, de modo que acudían a él multitudes para oírlo y para que los sanara de sus enfermedades. Él, por su parte, solía retirarse a lugares solitarios para orar.

Lucas 10:41-42 (NVI)
Marta, Marta —le contestó Jesús—, estás inquieta y preocupada por muchas cosas, pero solo una es necesaria. María ha escogido la mejor, y nadie se la quitará.

# 12. ¿Reinventar la iglesia después de la pandemia?

1. ¿Cómo ha afectado la pandemia del COVID-19 a su iglesia en particular?

2. ¿La institucionalización de la iglesia a lo largo de la historia fue necesaria e inevitable?

3. ¿Enseña la Biblia un sistema específico de gobierno y organización de la iglesia? ¿Cuál es el problema de absolutizar y sacralizar las instituciones?

4. En la Biblia hay muchos principios de liderazgo y de organización. ¿En qué aspectos pone más énfasis la Biblia? ¿Por qué?

5. ¿Cuál es la forma litúrgica más bíblica? ¿Qué es lo que la Biblia enfatiza en las enseñanzas sobre el culto público? ¿Por qué no hay instrucciones específicas sobre la forma en que se hace el culto público?

6. ¿Qué significa congregarse hoy? ¿Es válido congregarse fuera del templo?

7. Piensen en nuevas formas de hacer las cosas en su iglesia: el culto, los estudios bíblicos, el pastoreo mutuo. No se limiten a lo virtual.

## Pasajes complementarios

Juan 4:23-24 (RV60)
Mas la hora viene, y ahora es, cuando los verdaderos adoradores adorarán al Padre en espíritu y en verdad; porque también el Padre tales adoradores busca que le adoren. Dios es Espíritu; y los que le adoran, en espíritu y en verdad es necesario que adoren.

## *13. ¿Estamos viviendo los últimos tiempos?*

1. ¿Por qué el futuro da miedo, incluso a los cristianos?

2. ¿Estamos viviendo los últimos tiempos? Piensen la respuesta en el sentido del Nuevo Testamento.

3. En el sentido del Nuevo Testamento, ¿serían las pestes, como otros desastres, señales de los últimos tiempos?

4. ¿Cuál es el énfasis de la Biblia cuando habla de la profecía del futuro? Pueden leer y comentar los textos bíblicos que aparecen en el capítulo.

5. ¿Cuál debe ser nuestra actitud al acercarnos a la información abundante que circula en las redes sociales sobre el fin del mundo y las teorías de conspiración?

6. ¿Cómo podemos apropiarnos de la frase «para el creyente el futuro siempre es mejor» en medio de tanto temor e incertidumbre que nos rodea?

### Pasajes complementarios

Mateo 24-25

## *15. La familia en tiempos de coronavirus*

1.  Según Dt 6:6-7, 20-25, ¿qué acciones debía desempeñar el padre de familia? ¿Aplican los anteriores textos tanto al padre como a la madre de hoy día?

2.  ¿Cómo podemos tener tiempos en familia en medio de esta crisis?

3.  ¿Cómo podemos acercarnos a la Palabra en familia a pesar de las nuevas rutinas provocadas por el COVID-19?

**Pasajes complementarios**

Deuteronomio 6:6-9 (NVI)
Grábate en el corazón estas palabras que hoy te mando. Incúlcaselas continuamente a tus hijos. Háblales de ellas cuando estés en tu casa y cuando vayas por el camino, cuando te acuestes y cuando te levantes. Átalas a tus manos como un signo; llévalas en tu frente como una marca; escríbelas en los postes de tu casa y en los portones de tus ciudades.

# 16. La paradoja del aprendizaje en tiempos de coronavirus

Retomando las palabras de Werner Jaeger: «La educación participa en la vida y el crecimiento de la sociedad, así en su destino exterior como en su estructuración interna y en su desarrollo espiritual». De acuerdo con esta definición, la educación, en términos generales, es sumamente importante para la formación de las sociedades.

1.  ¿Cuál es su opinión sobre esta definición desde la experiencia actual de la educación en casa producto de la COVID-19?

2.  ¿Cómo su familia se ha convertido en generadora de formación y transformación para cada uno de sus integrantes en este tiempo de distanciamiento social?

3.  ¿Cuáles serían las lecciones aprendidas que marcaron positivamente su vida y la vida de su familia durante la pandemia?

## Pasajes complementarios

Lucas 11:2 (RV60)
   Y les dijo: Cuando oréis, decid: Padre nuestro que estás en los cielos, santificado sea tu nombre. Venga tu reino. Hágase tu voluntad, como en el cielo, así también en la tierra».

Proverbios 22:6 (LBLA)
   Enseña al niño el camino en que debe andar, y aun cuando sea viejo no se apartará de él.

## 17. El duelo en tiempos de coronavirus

Definitivamente que la pandemia ha afectado todas las áreas de nuestras vidas: emocional, física, mental, espiritual y conductualmente. La vida que teníamos antes de la crisis del coronavirus no volverá a ser la misma, y nosotros tampoco lo seremos. Es necesario que aprendamos a validar nuestro duelo y el de los demás, respetando su respuesta personal a esta crisis; pero, sobre todo, en la familia es importante que identifiquemos cómo las adversidades están afectando a cada miembro, en especial a los más pequeños, y apoyarnos mutuamente. El desafío que tenemos por delante es *transformar estas pérdidas* en lecciones de vida que nos ayuden a crecer individual y colectivamente. Con la ayuda de nuestro misericordioso Dios saldremos victoriosos de esta pandemia.

1.  ¿Cuáles han sido las mayores pérdidas que usted ha tenido en esta pandemia?

2.  ¿Qué lecciones ha aprendido a través de estas pérdidas?

3.  Enumere 5 cosas por las que usted está agradecido hoy.

4.  Enumere 3 maneras en que usted podría ayudar a otros durante esta pandemia.

## Pasajes complementarios

2 Corintios 1:3-4 (RV60)
Bendito sea el Dios y Padre de nuestro Señor Jesucristo, Padre de misericordias y Dios de toda consolación, *el cual nos consuela en todas nuestras tribulaciones, para que podamos también nosotros consolar* a los que están en cualquier tribulación, por medio de la consolación con que nosotros somos consolados por Dios.

Génesis 50:20-21 (RVC)

Ustedes pensaron hacerme mal, pero *Dios cambió todo para bien,* para hacer lo que hoy vemos, que es darle vida a mucha gente. Así que no tengan miedo. Yo les daré de comer a ustedes y a sus hijos. *Y los consoló, pues les habló con mucho cariño.*

Somos un instituto de reflexión e investigación que
forma, educa y responde, por medio del Evangelio de
Jesucristo, a los dilemas morales que nos plantea el escenario
contemporáneo. Instituto CRUX tiene la responsabilidad de
vivir, servir y testificar en medio del mundo que nos rodea, así
como Jesús lo manifestó en su vida: «Padre, así como tú me
enviaste al mundo, yo los envío también al mundo».

iCrux desea ver familias equipadas con las herramientas
necesarias para fortalecer su identidad bíblica, anhela
comunidades cristianas que apliquen fielmente los principios
éticos judeocristianos y aspira a formar núcleos de líderes que
empleen el pensamiento crítico para promover el crecimiento
y la realización humana.

**Juntos podemos lograr un cambio.**
Si desea hacer una donación al Instituto CRUX
puede conocer las diferentes opciones en
www.institutocrux.org/donar/

www.ingramcontent.com/pod-product-compliance
Lightning Source LLC
Chambersburg PA
CBHW020721160726

47993CB00006B/2303